📖 주제
- 창의성　・상상력　・노력　・따라쟁이

📖 활용 학년 및 교과 연계

초등 과정	2-1 국어	11. 상상의 날개를 펴요
	2-2 국어	1. 장면을 떠올리며
	4-1 국어	5. 내가 만든 이야기
	4-1 과학	1. 과학자처럼 탐구해 볼까요?
	6-1 과학	1. 과학자처럼 탐구해 볼까요?

우렁 각시 선생님

초등 첫 인문철학왕
우렁 각시 선생님

초판 1쇄 발행 2023년 3월 30일

글쓴이 정종영 | **그린이** 정유나 | **해설** 한지희
기획편집 이정희 | **편집** 최정미 박주원
디자인 문지현 김수인 | **생각 실험 디자인** 김윤현

펴낸이 이경민 | **펴낸곳** ㈜동아엠앤비
출판등록 2014년 3월 28일(제25100-2014-000025호)
주소 (03972) 서울특별시 마포구 월드컵북로22길 21, 2층
전화 (편집) 02-392-6901 (마케팅) 02-392-6900 | **팩스** 02-392-6902
홈페이지 www.moongchibooks.com | **전자우편** damnb0401@naver.com | **SNS** 📘 📷 🅱️
ISBN 979-11-6363-621-2(74100)

※ 잘못된 책은 구입한 곳에서 바꿔 드립니다.
※ 이 책에 실린 사진은 셔터스톡, 위키피디아, 게티이미지뱅크(코리아)에서 제공받았습니다. 그 밖의 제공처는 별도 표기했습니다.

도서출판 뭉치는 ㈜동아엠앤비의 어린이 출판 브랜드로, 아이들의 지식을 단단하게 만들어 주고,
아이들의 창의력과 사고력을 키워 주어 우리 자녀들이 융합형 사고뭉치와 창의뭉치로
성장할 수 있도록 좋은 책을 만들겠습니다.

초등 첫 인문철학왕 ⑱ 창의성

한국 철학교육 학회 추천도서

우렁 각시 선생님

글쓴이 **정종영** 그린이 **정유나**
해설 **한국 철학교육연구원 한지희**

어떻게 하면 창의성을 키울 수 있을까?

'질문'의 힘! '생각'의 힘!
'미래 인재'로 가는 힘!

어린이와 학부모님들께 《초등 첫 인문철학왕》을 추천할 수 있어서 매우 기쁩니다. 어린이들이 이 시리즈를 통해 '나'에 대해, 나와 공동체 사이의 소통에 대해, 세상의 이치와 진리에 대해 마음껏 질문하고 생각하기를 바라기 때문입니다. 그렇게 되면 창의적으로 문제를 해결하는 힘 또한 커질 수 있다고 믿기 때문이지요.

'제4차 산업혁명의 시대'라는 말처럼 우리는 모든 것이 혁신적으로 변화하는 시대에 살고 있습니다. 스마트폰, 인공 지능, 첨단 로봇 등 새로운 기술과 지식이 나오는 속도도 이전과 비교할 수 없을 정도로 빨라졌지요. 세상에 넘쳐나는 지식과 정보는 이제 누구나 쉽게 구할 수 있고, 개인의 두뇌에 담아낼 수 있는 용량을 넘어선 지 오래입니다. 결국 이 시대의 아이들에게 필요한 것은 지식보다는 그 지식을 다루는 지혜와 창의성 아닐까요?

7차 교육과정 개정 이후 학교 교육도 이러한 시대 흐름에 맞추어 미래 사회가 요구하는 인문학적 상상력과 과학기술 창조력을 두루 갖춘 창의융합형 인재를 양성하는 것을 목표로 합니다.

'철학'은 '지혜를 사랑하는'이란 뜻을 가진 말입니다. 이 학문은 여러분처럼 모든 것에 호기심 많았던 철학자들로부터 시작됩니다. 아주 오래전부터 인간, 사회, 자연, 우주, 진리 등 다양한 분야에서 다른 사람들보다 더 깊이, 더 많이, 그리고 아주 끈질기게 했던 수많은 질문과 탐구를 하며 만들어졌습니다.

마치 높은 곳에 올라가면 마을 전체를 내려다볼 수 있는 넓은 시야를 얻게 되듯이, 철학을 한다는 것은 하나의 문제를 더 큰 눈으로 볼 수 있게 되는 것이랍니다. 그러면 어떤 점이 좋을까요? 더 넓게 보는 눈, 더 깊이 있게 보는 눈, 다른 사람들이 생각하지 못한 부분들을 상상하고 찾아낼 수 있는 눈이 생깁니다. 또 우리 앞의 문제들을 자신만의 창의적인 방법으로 해결할 수도 있고, 그 문제를 해결하다가 다른 더 큰 문제를 발견하여 미리 처리할 수도 있습니다.

《초등 첫 인문철학왕》은 바로 그러한 생각의 눈을 아주 활짝 열어 줄 것입니다. 주제와 관련된 재미있는 동화, 이와 연결된 깊이 있는 인문 해설과 철학 특강, 창의·탐구 활동 등으로 구성된 시리즈는 아이들이 세상에 넘쳐 나는 지식을 지혜롭게 다루는 힘을 길러서, 문제해결력을 갖춘 창의적 인재로 성장할 수 있게 해 줄 것입니다.

그러니 이 책을 읽으며 여러 분야에서 떠오르는 호기심과 질문들을 혼자만 가지고 있지 말고 친구, 가족과도 나누어 보시길 바랍니다. 모두가 질문하고 생각하는 힘이 생긴다면, 어려운 문제들을 함께 해결해 나가는 공동체를 만들 수 있겠지요?

이 책을 읽는 여러분들 모두, 그런 멋진 공동체를 하나둘 만들어 나가는 지혜로운 미래 인재가 되기를 기대합니다.

이지애 드림
(이화여대 철학과 부교수, 한국 철학교육 학회 회장)

초등 첫 인문철학왕
이렇게 활용하세요!

생각 실험

생각 실험은 어떤 사실을 알기 위해 여러 가지 실험과 사례를 연구하는 것이에요. 철학이나 자연 과학 분야 등에서 널리 사용되는 방법이에요. 권마다 주제에 관련된 실험, 유명한 인물의 사례 등을 읽으며 상상력과 문제 해결력을 키워 보세요.

만화 & 동화

인문 철학 주제별로 아이들의 생활 세계 속 이야기, 패러디 동화 등이 다양하게 펼쳐져요. 처음과 중간은 만화, 본문은 그림 동화로 되어 있어서, 재미난 이야기에 푹 빠질 수 있어요.

인문철학왕되기

오랫동안 어린이들과 함께 철학 수업을 연구하고 진행해 온 한국 철학교육연구원 소속 교수와 연구진들이 집필했어요.

소쌤의 철학 특강, 인문 특강, 창의 특강으로 구성되었어요. 주제와 이야기 안에 숨겨진 철학적 문제들에 대해 함께 답을 찾아갈 수 있도록 깊이 있는 토론과 특강, 그리고 재미있는 활동으로 구성되었어요.

난 질문하는 **소크라테스**! 문제를 해결할 수 있도록 도와주지!

난 **뭉치**. 같이 생각하고 토론하지!

난 늘 창의적인 **새롬**이!

난 생각이 깊은 **지혜**!

교과 연계

각 권마다 최신 개정 교과서 단원과 연계되어 교과 학습에 도움이 되도록 구성되었어요. 권별로 확인하세요.

이 책의 차례

추천사 ··· 4

구성과 활용 ··· 6

생각 실험 많은 예술가에게 창의적 영감을 준 작품이 있다고? ··· 10

만화 피아노를 배우면 창의성을 높일 수 있을까? ····································· 20

꼬마 피아니스트 ··· 22

인문철학왕되기1 피아노로 창의력을 발휘하는 건 즐거운 일!
소쌤의 인문 특강 창의성이란?

콩쿠르 준비 ·· 44

인문철학왕되기2 기술이 완벽하다고 창의성이 좋다고 할 수 있을까?
소쌤의 철학 특강 플라톤과 칸트의 창의성

| 만화 | 창의성을 키우려면 어떻게 해야 할까? 66

딱 3일만 따라쟁이가 되세요! 72
- 인문철학왕되기3 노력도 창의성에 필요한 능력이야!
- 소쌤의 창의 특강 맹자도 따라쟁이?

처음부터 잘하는 사람은 없어 92
에필로그 108
- 인문철학왕되기4 만일 나라면?
- 창의활동 모나리자를 창의적으로 다시 그린 다양한 작품들

많은 예술가에게 창의적 영감을 준 작품이 있다고?

　루브르 박물관에 있는 <모나리자>는 **여인의 신비한 미소와 눈썹 없는 얼굴**로 잘 알려진 너무나 유명한 작품이에요. 화가 레오나르도 다빈치가 당시 **이탈리아에서 그리던 그림 기법과는 다르게 색다른 시도를 한 창의적인 작품**이지요.

　그때부터 지금에 이르기까지 <모나리자>는 **하루에만 2만 명이 넘는 사람들이 그림을 보러 올 정도로 큰 인기**를 누리고 있어요. 그래서 루브르 미술관의 특별 진열장을 떠난 일이 거의 없어요. 고작 **두 번 해외 나들이**를 한 게 다예요.

사실 〈모나리자〉만큼 사연이 많은 그림도 흔치 않아요. **모나리자를 잃어버렸다 2년여 만에 되찾기도 했지요.** 알고 보니 루브르 미술관에서 일하던 페루자라는 이탈리아 사람이 훔친 거였어요. 〈모나리자〉를 되찾은 사람들은 그림을 더 소중히 다루었어요.

모나리자를 찾았다는 기사가 실린 프랑스 신문

모나리자를 훔친 빈센조 페루자

모나리자가 사라진 박물관 벽면

첫 번째 해외 전시가 열린 미국에서 <모나리자>는 귀한 손님 대접을 받았답니다. 경비원이 지켜보는 가운데 관객은 그림 앞에서 고작 3분 정도만 머물 수 있었다고 해요.

그렇다면 <모나리자>의 두 번째 해외 전시인 일본 전시회에서는 어떤 풍경이 벌어졌을까요?

<모나리자>를 보기 위해 몰려든 미국 관람객들

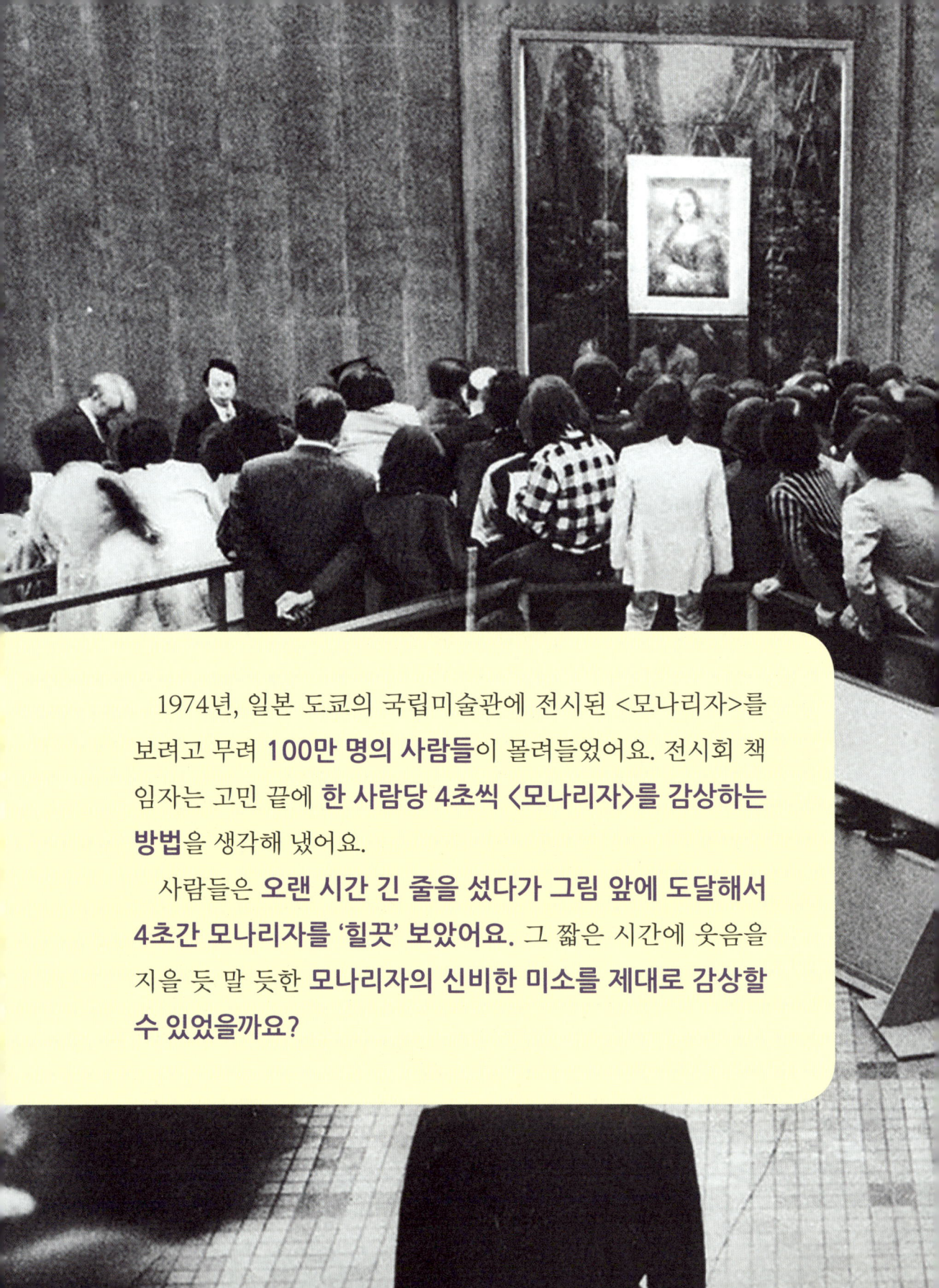

　1974년, 일본 도쿄의 국립미술관에 전시된 <모나리자>를 보려고 무려 **100만 명의 사람들**이 몰려들었어요. 전시회 책임자는 고민 끝에 **한 사람당 4초씩 <모나리자>를 감상하는 방법**을 생각해 냈어요.
　사람들은 **오랜 시간 긴 줄을 섰다가 그림 앞에 도달해서 4초간 모나리자를 '힐끗' 보았어요**. 그 짧은 시간에 웃음을 지을 듯 말 듯한 **모나리자의 신비한 미소를 제대로 감상할 수 있었을까요?**

<모나리자>는 화가들에게 많은 영향을 끼쳤어요. 화가 보테로가 그린 왼쪽 그림 <12살의 모나리자>는 통통하고 앳된 얼굴이 귀여워요. 오른쪽 그림 <달리의 콧수염을 단 모나리자>는 원래 <모나리자>에 사진가 할스만이 찍은 달리 사진을 합성한 작품이에요.

<모나리자>처럼 창의적인 작품은 많은 사람에게 영감을 준답니다. 창의성이 무엇이길래 많은 사람에게 큰 영향을 끼치는 걸까요?

> 모나리자가 코믹하게 그려질 수도 있다니, 진짜 기발한걸?

> 창의적인 작품은 이렇게 많은 사람에게 영향을 주는구나.

"창의성이란 무엇일까요?"

"창의성은 어떻게 해야 생길 수 있을까요?"

꼬마 피아니스트

 매주 수요일, 샛별초등학교 중앙 현관에 있는 작은 광장에서 재능 발표회가 열렸어요. 춤, 노래, 동시 낭송, 악기 연주 등을 누구든지 자유롭게 발표할 수 있는 무대였어요.
 오늘은 윤아의 피아노 반주에 맞춰 채영이가 노래를 불렀어요. 작은 광장에 맑은 목소리가 울려 퍼졌어요. 아이들은 숨을 죽이며 둘의 공연을 지켜보았어요.
 노래가 끝날 무렵, 윤아가 채영이와 눈을 맞췄어요. 가사를 길게 늘이다가 잠시 멈추는 곳이 있었거든요.

채영이가 마지막 가사를 부드럽게 부르며 노래를 끝냈어요. 윤아가 자리에서 천천히 일어났어요. 둘이 앞을 보며 인사하자, 주변에 모인 아이들이 떠나갈 듯 소리치며 손뼉을 쳤어요.

"와! '풀꽃의 노래' 너무 좋은데?"

"피아노 반주가 이렇게 멋지고 화려할 수도 있구나. 역시 윤아 피아노 솜씨는 우리 학교 최고라니까! 안 그래?"

"맞아, 맞아. 피아니스트 인정."

아이들이 저마다 한 마디씩 내뱉으며 칭찬을 아끼지 않았어요. 세나가 조금 떨어진 곳에서 지켜보다가 입을 뾰족 내밀며 돌아섰어요. 아이들이 윤아의 피아노 연주를 칭찬하는 게 귀에 거슬렸거든요.

'어? 합창단 선생님이다!'

세나가 선생님께 인사하면서 슬그머니 몸을 돌렸어요. 합창단 선생님이 밝은 얼굴로 윤아에게 다가갔어요.

"연주 잘 들었다. 너희 둘, 혹시 합창단에 들어올 생각 없니?"

"저요? 저는 노래 못 하는데요."

윤아가 눈을 동그랗게 뜨며 고개를 갸웃거렸어요.

"아, 윤아는 합창단에서 반주를 해 주면 좋겠어."

지금까지 합창단 반주는 선생님이 직접 했어요. 하지만 노래와 반주 모두 어린이가 직접 할 수 있다면, 아이들 마음을 더 아름답게 전달할 수 있다며 합창단에 꼭 들어와 달라고 이야기했어요.

윤아는 대답을 망설였어요. 합창단 반주는 한 번도 생각해 본 적이 없었거든요. 사실 윤아에게 동요 반주는 어렵지 않았어요. 5살에 피아노를 시작해서 6년 동안 하루도 빼먹지 않고 서너 시간씩 피아노 연습을 했거든요.

세나는 복도 끝에 숨어서 선생님이 윤아에게 하는 말을 모두 들었어요.

'칫, 나도 저런 곡 정도는 눈 감고 칠 수 있는데.'

세나도 피아노 연주 실력이 뛰어났지만, 단 한 번도 작은 광장에서 연주한 적이 없었어요. 동요나 가요 같은 곡을 쳐야 하는데, 세나는 늘 길고 어려운 연주곡만 연습했거든요. 세나도 아이들 앞에서 실력을 뽐내고 싶었어요. 하지만 동요나 가요는 정말 치기 싫었어요.

발표회를 마친 후 아이들이 재잘거리며 계단을 올라갔어요.

"합창단 선생님이 윤아에게 반주자로 들어오라고 한 이야기 못

들었어? 그 정도면 이미 피아니스트지."

"맞아. 그런데 세나도 피아노 잘 치는 것 같더라. 세나 연주 못 들어 봤지?"

"진짜? 세나도 잘 쳐?"

갑자기 피아노에 흥미가 생긴 듯 아이들의 관심은 세나에게로 넘어갔어요. 세나는 연습한 곡을 끝낼 때마다 동영상을 찍어 유튜브에 올렸어요. 대부분 바흐, 하이든, 모차르트 같은 작곡가의 멋지고 화려한 연주곡이었어요.

"나는 봐도 잘 모르겠지만, 우리 오빠가 정말 잘 친다고 했어. 올라온 곡도 초등학생이 치는 곡이 아니래. 집에 가서 찾아보고 보내 줄게. 너희들도 한번 들어 봐."

"진짜?"

"나도 보내 줘."

아이들은 세나의 피아노 실력이 궁금했어요.

"야, 그러면 윤아랑 세나 중에서 누가 더 잘 치는 거야?"

"글쎄? 두 사람에게 직접 물어보는 게 더 빠르지 않을까?"

아이들은 신나게 수다를 떨며 3학년 3반 교실에 들어갔어요. 하지만 윤아와 세나는 교실에 없었어요.

쉬는 시간, 세나는 창밖을 살피다가 하늘을 보았어요. 가을 하늘이 티 없이 맑았지만, 겨울처럼 거친 바람이 불어왔어요. 햇살을 먹은 나뭇잎이 바람에 심하게 흔들리며 반짝반짝 금빛을 털어 냈어요.

세차게 흔들리는 나뭇가지를 보자, 쇼팽의 '겨울바람'이 생각났어요. 세나는 자신도 모르게 쇼팽의 '겨울바람'을 흥얼거리며 손가락을 놀렸어요. 마치 피아노를 치듯 말이에요.

"어! 저건 쇼팽의 '겨울바람'인데."

윤아가 깜짝 놀라며 세나에게 고개를 돌렸어요. 아직 손이 작아 칠 수 없는 곡이라고 생각했는데, 세나가 너무 자연스럽게 손을 놀렸거든요.

윤아가 일어나 세나에게 다가갔어요.

"그 곡 벌써 끝낸 거야?"

윤아 목소리가 조금 떨렸어요.

"겨, 겨울바람?"

세나도 당황한 듯 말을 더듬거렸어요. 쇼팽을 좋아해서 자주 듣기만 했을 뿐, 쳐본 적은 없었어요. 하지만 이 곡을 연주해 본 적이 없다고 말하면, 윤아보다 피아노 실력이 뒤처진다는 생각이 들었어요.

"작년에 쳤어. 지금 피아노 콩쿠르 곡 고른다고 예전에 쳤던 곡을 한번 떠올려 본 거야."

세나는 대답하면서도 가슴이 두근거렸어요.

"무슨 콩쿠르인데?"

윤아가 해맑은 표정으로 물었어요. 그런데 세나의 대답을 듣고 윤아는 깜짝 놀랐어요. 세나가 나가려는 피아노 콩쿠르가 우리나라에서 제일 유명한 대한 콩쿠르였거든요.

"진짜! 대한 콩쿠르에 나간다고?"

윤아 목소리가 컸던지, 주변에 있던 아이들이 우르르 모여들었어요. 대한 콩쿠르는 워낙 유명해서 모르는 사람이 없을 정도거든요. 게다가 유명한 피아니스트 대부분이 어린 시절 대한 콩쿠르에서 상을 받았어요.

"뭐! 대한 콩쿠르?"

"와! 세나 정말 대단하다."

아이들이 몰려와 부러운 눈빛으로 세나를 바라보며 한 마디씩 툭툭 던졌어요. 그러고는 대한 콩쿠르에 관해 물었어요. 세나는 우쭐거리며 아이들 질문에 또박또박 대답했어요. 작년에 나가 예선만 통과하고 본선에서 떨어진 얘기는 쏙 빼고 말이에요. 이야기가 길어질수록 아이들은 윤아와 세나 중에서 누가 피아노를 더 잘 치는지 궁금했어요.

"세나야, 너는 지금 뭐 쳐? 체르니 30? 40?"

세나 앞에 있던 남자아이가 실실 웃으며 질문을 툭 던졌어요. 아이들이 피아노 실력을 알아내는 방법은 정말 단순했어요. 자기들이 치는 바이엘, 체르니 100, 체르니 30 순서가 피아노 실력을 판단하는 유일한 방법이었지요.

　　세나는 할 말이 없는지 고개를 저으며 입을 다물었어요. 지금 치는 쇼팽 곡을 이야기해 봤자 아이들이 모를 게 뻔하잖아요. 세나가 잠시 머뭇거리자, 질문은 윤아에게 넘어갔어요. 윤아도 우물쭈물할 뿐 대답을 하지 못했어요. 작년에 체르니 30을 끝내고, 세나처럼 곡 위주로 연습했거든요.

　"음, 체르니 30은 다 쳤어. 지금은 다른 거 치는데."

　윤아가 볼을 부풀리며 대답했어요.

　"그거 봐. 윤아가 더 잘 치는 거 맞잖아. 벌써 체르니 30을 끝냈대."

　누군가 생각 없이 던진 말에 세나는 기분이 상했어요.

　"체르니 30은 아주 오래전에 끝냈지."

　"진짜? 음, 그러면 좋은 방법이 하나 있는데……, 세나 너, 조금 전에 대한 콩쿠르 나간다고 말했잖아. 그러면 윤아도 대한 콩쿠르 나가면 되겠다. 안 그래?"

　"맞네."

누군가 툭 뱉은 말에 모두 윤아를 바라봤어요. 모두가 두 사람의 경쟁을 은근히 기대하는 눈치였지요. 윤아는 잠시 머뭇거렸어요. 다른 콩쿠르라면 몰라도 대한 콩쿠르는 자신이 없었거든요.

모두 윤아의 입술을 쳐다봤어요. 갑자기 주변이 고요해졌어요. 모두들 숨죽이며 윤아의 대답을 기다렸거든요. 윤아 얼굴에 찬 바람이 쌩쌩 불었어요.

"음, 생각해 볼게. 선생님께 먼저 물어봐야 해."

윤아는 대충 얼버무리며 말을 끝냈어요. 하지만 세나는 이번이 절호의 기회라고 생각했어요.

"우리 같이 대한 콩쿠르 나가면 좋겠다. 내가 집에 가서 콩쿠르 포스터 사진 찍어서 보내 줄게."

세나는 다른 아이들이 들으라는 듯 제법 큰 목소리로 이야기했어요. 이번 기회에 샛별초등학교 아이들 모두가 인정하는 피아니스트가 되고 싶었거든요.

수업이 끝나자, 윤아는 채영이와 함께 교실을 나섰어요. 교문 앞에 서 있던 채영이 엄마가 둘을 보고 뛰어왔어요.

"오늘 공연 잘했어?"

"그럼, 오늘 공연 끝내 줬어!"

채영이가 싱글벙글 웃으며 입을 다물지 못했어요.

"오늘 고생 많았다. 간단하게 뭐라도 좀 먹고 가자."

세 사람은 학교 앞에 있는 편의점으로 곧장 들어갔어요. 채영이는 샌드위치를 먹으면서 오늘 공연에 관해 맹꽁징꽁 떠들었어요.

"뭐! 합창단?"

"네, 맞아요. 채영이는 합창단에 들어와서 노래 부르고, 저는 피아노 반주를 하래요. 노래에 맞춰 피아노를 치면 너무 재미있을 것 같아요. 피아노는 혼자 쳐야 해서 늘 외롭고 심심했거든요."

윤아 얘기를 듣고 채영이 엄마 표정이 아침 햇살처럼 환해졌어요.

"그래. 우리 윤아는 진짜 피아노를 즐기면서 치는 것 같네."

채영이 엄마가 칭찬하자, 윤아 얼굴에 발그스레한 볼우물이 패었어요.

둘은 편의점에서 나와 헤어졌어요. 윤아는 피아노 학원에, 채영이는 논술 학원에 가야 했거든요.

피아노 학원 가는 길에 세나에게서 문자가 왔어요. 대한 콩쿠르 포스터였어요. 윤아는 휴대폰을 보며 잠시 고민했어요. 작년 이맘때쯤 엄마가 콩쿠르 얘기를 꺼냈지만, 피아노 선생님은 조금 더 있다 나가도 된다며 말렸거든요. 윤아는 대한 콩쿠르에 욕심이 났지만, 세나가 신경 쓰였어요. 지금까지 피아노를 즐기면서 쳤는데, 콩쿠르는 꼭 경쟁한다는 느낌이 들었거든요.

학원 앞에서 윤아는 포스터 내용을 다시 한번 살펴보았어요. 바흐, 헨델, 하이든, 모차르트, 슈베르트, 쇼팽 중에서 7분 이내의 곡을 두 개씩이나 선택해야 했어요. 예선 곡과 본선 곡이 다르게 말이에요.

윤아는 포스터를 보고 절로 한숨을 내쉬었어요. 예전에 친 몇 곡을 떠올려 봤지만, 가슴만 더 답답해졌어요. 쉬운 곡이 하나도

없었거든요. 윤아는 쓸쓸한 표정을 지으며 고개를 저었어요. 포스터를 다시 보며, 예전에 선생님이 작곡가에 대해 알려 준 이야기를 떠올렸어요.

바흐와 헨델은 바로크 시대를 대표하는 작곡가예요. 바흐가 음악의 아버지가 된 이유는 오늘날의 서양 음악이 만들어질 수 있도록 기초를 닦았기 때문이에요. 헨델도 바흐처럼 서양 음악의 기틀을 마련하는 데 큰 공헌을 했어요. 하지만 바흐를 음악의 아버지라고 먼저 불렀기 때문에 헨델은 자연스럽게 음악의 어머니가 되었어요.

    하이든은 '놀람', '황제', '종달새' 등 100곡 이상의 교향곡을 남겨서 교향곡의 아버지가 되었어요. 모차르트는 5살에 연주를 시작하며 신동 소리를 듣고 자랐기 때문에 지금까지도 음악의 신동이라 불려요.

    악성 베토벤은 다양한 소나타와 교향곡, 오페라 등 유명한 작품들을 많이 남겼어요. 음악의 '악', 성스러울 '성'을 사용하여 음악의 성인이라 불려요.

    가곡의 왕 슈베르트는 31년이라는 짧은 인생을 살았지만, 600여 곡에 달하는 많은 가곡을 만들었어요.

    쇼팽은 다른 작곡가와 달리 피아노곡만 남겼어요. 아름다운 피아노의 선율을 느낄 수 있어서 피아노의 시인이라 불리지요.

"음악의 아버지, 어머니, 신동, 악성……. 어떻게 골라도 이런 작곡가만 다 모아 놨을까?"

윤아는 입을 씰룩거리며 학원으로 올라갔어요. 선생님께 인사하고는 조심스럽게 휴대폰을 내밀었어요.

"선생님, 여기 나가고 싶은데……, 이것 좀 봐 주세요."

"대한 콩쿠르?"

선생님이 조금 놀라는 눈빛으로 윤아 휴대폰을 받았어요. 포스터를 잠시 보다가 미소를 지으며 고개를 들었어요.

"이제 우리 윤아도 이 정도 콩쿠르에 나갈 때가 되긴 했지. 무슨 곡을 쳐 볼까? 음, 예전에 친 곡 중에서 하나 고르면 되겠는데, 시간이 많지 않네."

"그럼, 저 나갈 수 있는 거예요?"

윤아는 선생님이 너무 쉽게 허락해 준 것 같아 오히려 얼떨떨했어요.

"아직 나가도 된다고는 안 했는데."

선생님이 한쪽 눈을 깜빡거리며 자리에서 일어났어요. 그리고는 탁상 달력을 가져와 일정을 살폈어요. 곡을 다듬으려면, 개인 지도 시간을 더 늘려야 했거든요.

"수업 시간을 조정하면 되겠지만, 엄마랑 먼저 상의를 좀 해봐야겠구나."

"진짜요?"

윤아는 이미 콩쿠르에서 상이라도 받은 것처럼 환하게 웃으며 제자리에서 팔딱팔딱 뛰었어요.

인문철학 왕 되기

피아노로 창의력을 발휘하는 건 즐거운 일!

같은 음악이라도 연주자마다 느낌과 분위기가 다르듯이, 지금 가진 것을 어떻게 새롭게 섞는지에 따라 음악을 완전히 다르게 만들 수 있답니다. 그게 창의성이에요.

 윤아는 피아노를 잘 쳐서 좋겠다. 나도 잘 치는 곡이 있어요! 젓가락 행진곡! 양손의 손가락 하나씩 써서 두 명이 같이 치는 곡이에요.

 근데 젓가락 행진곡은 제목 그대로 씩씩한 곡이잖아요. 우리 동생은 젓가락 행진곡을 자장가로 들었어요. 소리가 점점 작아지다 느려져서 옆에서 듣던 나도 솔솔 잠이 오더라고요.

저는 가야금 같은 국악기로 젓가락 행진곡을 연주하는 걸 들은 적 있어요. 곡은 하나인데 느리게, 빠르게, 여러 악기를 써서 다양한 음악을 들려준다는 게 신기해요!

 젓가락 행진곡을 여럿이, 다양한 방법으로 연주하는 건 음악이 쉽고 재미있어서겠죠?

 그럼 그럼, 누구나 젓가락 행진곡을 좋아한단다. 혼자가 아니라 친구와 함께 칠 수 있어서 더 신나는 곡이지. 젓가락 행진곡은 작곡한 사람도, 치는 사람도 흥이 나는 창의적인 곡이라고 할 수 있어.

 소쌤의 TIP

젓가락 행진곡

<젓가락 행진곡(Celebrated Chop Waltz)>은 유피미아 앨런(1861~1949)이라는 영국의 여성 연주자가 1877년에 만든 곡이란다. 유피미아 앨런이 곡 제목에 '썰기(chop)'란 말을 넣은 건 '칼로 음식을 썰듯 양손을 마주 세워' 건반을 치라는 뜻이었대. 그런데 어느새 '칼' 대신 '젓가락'같이 치는 곡이 되었단다!

소쌤의 인문 특강 — 창의성이란?

옷을 잘 차려입고 무대에서 연주하는 곡이 아니라 피아노를 치며 함께 놀 수 있는 곡! 젓가락 행진곡은 원래 연주하면서 놀기 위해 만든 곡이라고 해. 원래 피아노를 장난삼아 치려고 만든 창의적인 곡이라서 많은 사람이 다양한 방식으로 연주하고 있단다. 창의성이 무엇이길래 100년이 넘었는데도 이렇게 많은 사람에게 사랑받는 것인지 함께 살펴보자.

<젓가락 행진곡>을 작곡한 유피미아 앨런은 이 곡을 만들면서 신이 났을 거야. 창의적인 것은 그걸 만든 사람이나 누리는 사람 모두에게 기쁨을 준단다. 참신하고 새로워서 기분이 좋아지거든.

그렇다면 창의성이란 무엇일까?

창의성이란 새로운 것을 만들어내는 생각이라고 할 수 있어.

저도 창의적인 사람이 될 수 있을까요?

물론이지. 다양한 것들을 배우고 경험해 보렴.

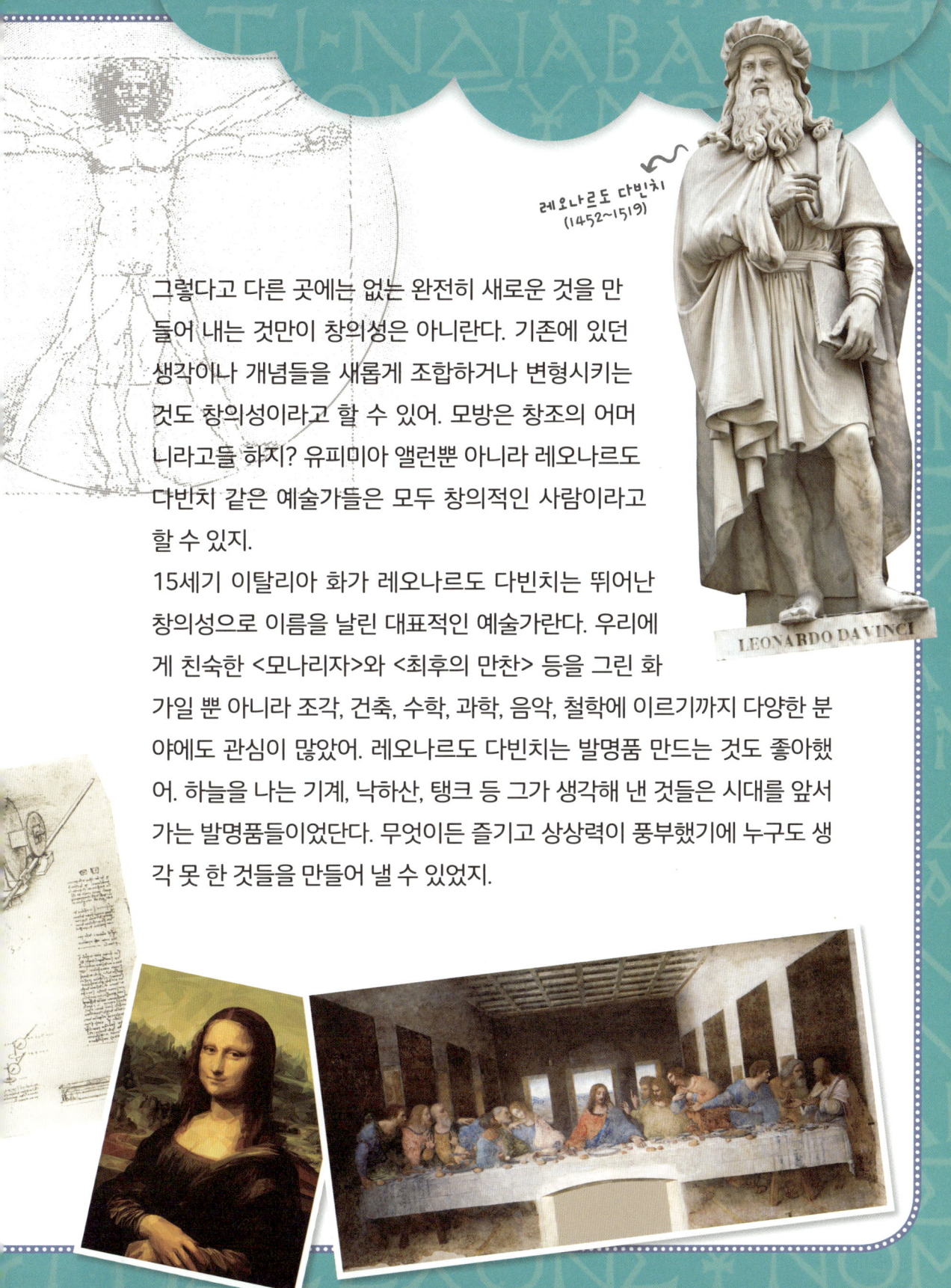

레오나르도 다빈치
(1452~1519)

그렇다고 다른 곳에는 없는 완전히 새로운 것을 만들어 내는 것만이 창의성은 아니란다. 기존에 있던 생각이나 개념들을 새롭게 조합하거나 변형시키는 것도 창의성이라고 할 수 있어. 모방은 창조의 어머니라고들 하지? 유피미아 앨런뿐 아니라 레오나르도 다빈치 같은 예술가들은 모두 창의적인 사람이라고 할 수 있지.

15세기 이탈리아 화가 레오나르도 다빈치는 뛰어난 창의성으로 이름을 날린 대표적인 예술가란다. 우리에게 친숙한 <모나리자>와 <최후의 만찬> 등을 그린 화가일 뿐 아니라 조각, 건축, 수학, 과학, 음악, 철학에 이르기까지 다양한 분야에도 관심이 많았어. 레오나르도 다빈치는 발명품 만드는 것도 좋아했어. 하늘을 나는 기계, 낙하산, 탱크 등 그가 생각해 낸 것들은 시대를 앞서가는 발명품들이었단다. 무엇이든 즐기고 상상력이 풍부했기에 누구도 생각 못 한 것들을 만들어 낼 수 있었지.

콩쿠르 준비

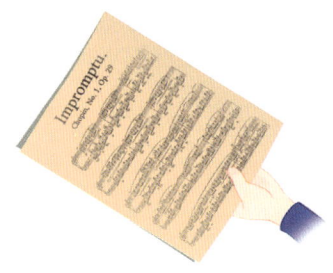

일주일에 두 번 받던 윤아의 피아노 수업이 네 번으로 늘어났어요. 예선 곡으로 모차르트 소나타 k333을 선택했어요. 예전에 쳤던 곡이라 연습하기 편할 거라고 생각했지요. 하지만 첫날부터 그런 기대가 한꺼번에 무너졌어요. 예전과는 모든 것이 달랐거든요.

"이 곡의 형식은 소나타야. 소나타에는 어떤 특징이 있는지 알아야 이 곡을 제대로 칠 수 있어."

선생님은 피아노 치는 법은 알려 주지 않고 이론만 얘기했어요. 처음 듣는 단어가 너무 많아 무슨 얘기인지 알아들을 수 없었어요.

"소나타는 제시부, 전개부, 재현부 세 부분으로 나뉘어 있어."

"제시부? 제시부가 뭐예요?"

윤아는 눈을 멀뚱거리며 선생님을 바라보았어요. 선생님은 차

분한 목소리로 천천히 다시 설명했어요. 시작은 제시부, 중간은 전개부, 마지막이 재현부였어요. 제시부라는 말이 뜻하는 것처럼 처음에는 곡의 주제인 특별한 멜로디가 나왔어요. 중간인 전개부는 주제를 조금 더 발전시켜 곡을 더 아름답게 만들어 주는 부분이에요. 마지막 재현부는 단어의 뜻처럼 주제를 반복하고 마무리해 주는 부분이었어요.

"아~ 시작, 중간, 마지막, 이렇게 세 부분으로 나뉘어 있다는 뜻이죠?"

"그래, 맞아. 그럼 이제 모차르트 곡의 특징에 대해 알아볼까?"

이번에도 알 수 없는 이야기가 나왔어요. 곡을 즐기면서 자신의 감정을 표현하면 된다고 생각했는데, 이건 좀 아닌 것 같았어요. 하지만 선생님 표정이 너무 진지했어요. 진짜 중요한 얘기 같았지요. 설명이 끝나고 나서, 윤아는 선생님이 한 이야기를 떠올리며 피아노를 쳤어요. 예전에 쳤던 곡인데 오늘따라 손이 무겁고 어깨에 힘이 더 들어갔어요.

"윤아야, 감정 표현은 너무 좋아. 그런데 손이 뻣뻣하잖아. 건반 위에서 손이 또르르 굴러가듯 쳐야지. 다시 한번 쳐 봐."

윤아는 건반 위에 손을 올리고 다시 곡을 쳤어요.

"잘 쳤어. 조금 나아졌네."

"정말요?"

윤아는 해맑은 표정을 지으며 선생님께 고개를 돌렸어요. 하지만 선생님의 잔소리 같은 설명이 또 이어졌어요. 잘 쳤다고 하고서는, 무슨 설명이 이렇게 또 길어지는지요.

"남녀가 서로 대화한다고 생각해 봐. 남자가 어떤 이야기를 꺼내면, 여자는 생각하고 나서 답을 하겠지? 마디마디가 대화라고 생각하고 연주해야 해."

선생님 말씀에 윤아는 눈을 크게 뜨고 악보를 살폈어요. 어디를 봐도 가사 같은 글자는 하나도 없었어요.

"윤아야, 악보 속에 가사가 있는 게 아니야. 머릿속으로 어떤 상황인지 생각하고, 노랫말 같은 대화를 떠올려야지."

아무리 생각해도 무슨 말인지 이해할 수 없었어요. 악보를 보면서 보이지도 않는 상황을 떠올리고, 없는 노래 가사를 생각한다는 게 말이 안 되잖아요. 윤아는 멍한 표정을 지으며 금붕어처럼 눈만 껌뻑거렸어요. 선생님이 눈치를 챘는지 악보를 손으로 가리키

며 입으로 노래를 불러 줬어요.

"입으로 흥얼거리는 게 노래라고요?"

윤아는 입을 툭 내밀며 얼굴을 찌푸렸어요.

선생님은 윤아의 지친 모습을 보며 어깨 위로 손을 살짝 올렸어요. 선생님의 따뜻한 손길이 느껴졌어요.

"내 몸이 피아노라고 생각해 봐. 피아노 뚜껑을 덮고 그 위에 손을 올려서 연주하면 소리는 어디서 나올까?"

"입이요."

"그렇지. 집에 가서 그렇게 연습을 해봐. 알겠지?"

선생님은 다시 한번 더 설명하고 피아노 뚜껑을 덮었어요. 손가락을 뚜껑 위에 올리고는 진짜 피아노를 치는 것처럼 연주하며 입을 흥얼거렸어요. 윤아도 선생님처럼 뚜껑 위에서 손가락을 놀렸어요. 선생님은 눈을 감고 윤아의 연주를 들었어요.

"이제 진짜 연주를 해볼까? 모차르트 곡은 쉬워 보이지만, 매우 까다로워. 특히 이 곡은 딱딱한 리듬을 통통 튀게 치면서, 숨을 쉬듯 자연스럽게 표현해야 해. 알겠지?"

다음 날 수업은 더 힘들었어요. 이번에는 콩쿠르 요령에 관해 설명했거든요. 선생님은 심사위원이 어떤 기준을 가지고 채점하는지 알려 줬어요. 기술, 빠르기, 표현력, 손가락 모양 등에 신경 쓰지 않으면 좋은 성적을 받을 수 없었어요.

"선생님, 콩쿠르가 이렇게 어려워요?"

"대한 콩쿠르에 나가려면 이 정도는 알아야 해. 예선 통과만 해도 진짜 잘하는 거야. 여기 나오는 애들 모두 실력이 쟁쟁하거든. 같은 곡이라도 창의적으로 표현하는 게 중요해."

선생님은 5년 전까지 연주자로 활동하다가 고향인 대구로 내려왔어요. 지금은 음악 대학에서 강의하며 어린 학생도 틈틈이 가르쳤어요. 윤아도 몇 안 되는 제자 중 한 명이었지요.

"창의적으로 표현하는 게 뭐예요?"

선생님이 말하는 '창의적'이라는 단어의 뜻은 자기만의 독특한 개성을 담은 연주였어요. 선생님은 창의적으로 곡을 표현하기 위해 많이 상상하는 게 도움이 된다고 말했어요.

"상상요? 악보를 보고 뭘 상상해야 하죠?"

"몸으로 느끼면서 피아노를 쳐야

제대로 상상하고 느낄 수 있단다."

윤아는 선생님 말씀이 너무 어려워 가슴이 답답했어요.

세나는 예선보다 본선 준비에 더 많은 시간을 투자했어요. 예선에는 작년에 쳤던 곡을 또 선택했거든요. 작년에도 예선은 무난하게 통과했어요. 하지만 윤아가 같은 콩쿠르에 나온다는 게 마음에 걸렸어요. 선생님이 본선에 칠 곡을 골라 줬지만, 세나는 쇼팽의 '겨울바람'을 고집했어요. 이 정도 곡을 쳐야 본선에서 상을 받을 수 있다고 생각했거든요. 게다가 윤아에게 이미 이 곡을 쳤다고 말해 버렸기 때문에 다른 방법이 없었어요.

"세나야, 이 곡은 좀 무리야."

"칠 수 있다니까요?"

"짧기도 하고, 속도가 너무 빠른데……."

"강하고 화려하잖아요. 저는 짧고 굵은 게 좋아요."

선생님이 몇 번을 말렸지만, 세나는 고집을 꺾지 않았어요. 윤아 앞에서 더 멋있고 화려한 연주를 보여 주고 싶었고, 본선에서 상도 받고 싶었거든요. 본선까지 한 달 반이 남았지만, 새 곡을 준비하기에는 너무나 짧은 시간이었어요.

콩쿠르 예선 날이었어요. 윤아는 엄마와 함께 선생님 차를 타고 예술문화회관에 도착했어요. 웅장한 건물 사이로 울긋불긋 물든 단풍이 바람에 흔들렸어요. 셋은 오솔길 사이로 걸어갔어요. 현관 앞에 '제26회 대한 콩쿠르'라고 적힌 커다란 현수막이 쭉 펼쳐져 있었어요.

"떨리니?"

선생님이 윤아 손을 꼭 잡으며 물었어요.

"아뇨, 하나도 안 떨려요."

윤아가 씩씩하게 대답했어요.

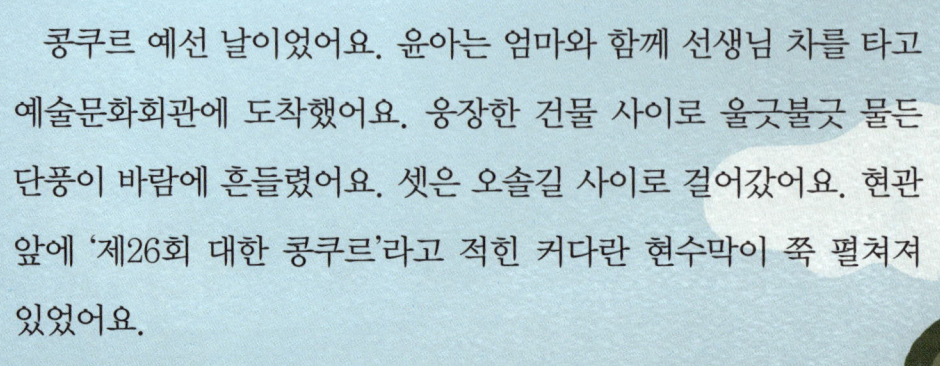

"학교에서 공연할 때도 안 떨더니, 우리 윤아는 무대 체질인가 봐요."

엄마가 미소를 지으며 윤아 머리를 쓰다듬었어요.

조금 이른 시간이지만, 꽤 많은 아이들이 복도에서 서성거렸어요. 선생님이 접수대로 가서 윤아 이름을 말하고 자리로 돌아왔어요. 세나가 윤아를 보고 뛰어왔어요.

"안녕, 연습 많이 했니?"

"그냥, 했지."

세나를 보자, 잔잔하던 심장이 두근거렸어요. 세나 옆에 있던 긴 머리 아가씨가 윤아 선생님을 보고 공손히 인사했어요.

"선생님. 그동안 잘 지내셨어요?"

"어, 그래. 잘 지냈어? 오랜만이다."

세나 선생님은 윤아 선생님의 제자였어요. 둘은 오랜만에 만났는지, 오붓하게 대화를 나누었어요. 잠시 후, 안내 방송이 나와 순서 추첨과 연습 시간을 알려 줬어요.

"편하게 즐기면서 치면 돼, 알겠지!"

선생님이 따뜻한 목소리로 윤아를 응원했어요. 엄마는 떨리는지 아무 말도 못 하고 윤아를 꼭 안아 줬어요.

　윤아는 차분하게 안으로 들어갔어요. 곧바로 연주 순서를 추첨했어요. 윤아는 19명 중 17번이었어요. 세나가 윤아를 보고 슬픈 표정을 지었어요. 세나는 가장 빠른 1번이었거든요.

　순서가 정해지고, 손 푸는 시간이 5분씩 주어졌어요. 세나가 먼저 나가 피아노 앞에 앉았어요. 세나는 하이든 곡을 쳤어요. 너무 잘 치는 것 같아 윤아의 마음이 불안했어요.

　10번이 연습할 때, 참가자 1번부터 5번까지 대기실로 올라갔어요. 너무 오래 기다리다 보니 한숨이 나왔어요. 한 곡이 5~6분 정도 되다 보니, 10명이 치는 데 한 시간이 훌쩍 지나갔거든요. 연습실에 중학생 언니 오빠들이 슬슬 들어왔어요.

"초등부 참가자 16번부터 끝 번까지 대기실로 올라오세요."

안내 방송이 나왔어요. 윤아는 다른 참가자와 줄을 맞춰 대기실로 향했어요.

무대 바로 옆이라 피아노 소리가 쨍쨍하게 울렸어요. 윤아는 조금 벌어진 틈으로 무대 밖을 살폈어요. 엄마와 선생님이 뒤편에 앉아 있었어요. 엄마 얼굴을 보니 마음이 놓였어요. 윤아는 대기실 의자에 앉아 다른 아이들이 치는 연주를 들었어요. 15, 16번이 지나가고 이제 윤아 차례였어요. 윤아는 문 앞에 서서 숨을 한번 크게 들이쉬었어요.

"다음은 초등부 17번 참가자입니다."

윤아는 안내 방송을 듣고 무대로 나갔어요. 의자를 몸에 맞게 조절하고 자리에 앉았어요.

'편하게 즐기면서 치자.'

이런 생각을 하면서 두 손을 허벅지 위에 살짝 올리고 눈을 잠시 감았다 떴어요. 그리고 건반 위에 손을 살포시 올렸어요.

오른손부터 부드럽게 건반을 누르며 왼손을 움직였어요. 연주 첫 시작부터 사람의 마음을 녹여 주는 꽃향기가 퍼질 듯한 매력적인 선율이 울려 퍼졌어요. 조금 지나면서 느낌이 달라졌어요. 어둡고 불안하게 긴 터널을 지나가는 긴장감이 흘렀어요. 오른손은 아름다운 선율을 연주하고, 왼손은 빠르고 부지런하게 올라갔다 내려오기를 반복했어요. 한 편의 오페라를 보는 듯한 느낌이 가슴속에 파고들었어요.

"그래, 그래."

선생님은 윤아의 연주를 보면서 들릴락 말락하게 혼잣말을 하며 고개를 끄덕였어요.

윤아의 연주는 연습 때보다 더 부드러웠어요. 마치 자연스럽게 호흡하듯 피아노 건반을 톡톡 두드렸어요. 적절하게 긴장감을 살리며 마지막에 고요함과 평온함으로 끝을 맺었어요.

모든 연주가 끝나고 한 시간쯤 지났어요. 검은 양복을 입은 아저씨가 예선 결과를 벽에 붙였어요. 아이들이 현관 앞으로 몰려갔어요.

"제가 갔다 올게요."

윤아가 씩씩하게 말하며 뛰어갔어요. 본선에 올라갈 8명 중에 세나와 윤아 이름이 나란히 있었어요.

"와!"

자기도 모르게 탄성이 나왔어요. 예선만 통과해도 진짜 잘하는 거라고 선생님이 백 번도 넘게 얘기했거든요.

"선생님, 축하드려요."

세나 선생님이 활짝 웃으며 다가왔어요. 세나도 기분이 좋은지 얼굴에 웃음이 가득하고, 입이 다물어지지 않았어요.

"윤아가 너무 잘 치던데요."

"뭘, 세나도 잘 치던데. 우리 본선에서 봐야겠네."
"네, 그럼 그때 뵐게요."
세나 선생님이 공손히 인사하고 몸을 돌렸어요.
엄마가 윤아 어깨를 톡톡 두드리며 칭찬했어요.
"역시, 우리 윤아! 최고."
"윤아, 잘했어."
엄마와 선생님이 기뻐하며 윤아를 칭찬했어요.
"엄마, 오늘 피아노 소리가 좋았어요. 건반도 부드러웠고요. 오늘 친 피아노가 너무 좋아요. 우리 집 피아노를 이걸로 바꿔 주시면 안 돼요?"
윤아 얘기에 선생님이 깜짝 놀랐어요.
"그거? 스타인웨이잖아. 오늘, 네 손이 좀 호강했을 거다. 그게 억 소리 나는 피아노야."
"진짜 스타인웨이라고요? 와! 오늘 저 손 안 씻을 거예요. 엄마, 방금 한 말 취소예요. 취소."

인문철학 왕 되기

기술이 완벽하다고 창의성이 좋다고 할 수 있을까?

기술을 익히는 것도 중요하지만, 자기만의 방식으로 표현해야 창의성이 좋다고 할 수 있어요. 발레를 예를 들어 살펴볼까요?

프랑스의 유명한 발레리나 마리 탈리오니는 발레 공연 〈라 실피드〉(1832)에서 달빛 속을 날아다니는 것 같은 연기를 펼쳤단다.

▶▶▶ 정말 환상이에요! 제가 공연을 봤다면 아마 팬이 되었을 거예요.

TV에서 우리나라를 대표하는 발레리나 강수진의 발을 보여 준 적이 있었어요. 연습을 많이 해서 발가락 끝이 뭉툭하더라고요.

◀◀◀ 날아다니는 연기를 하려고 탈리오니가 연습을 많이 했겠지요?

계속 연습하다 보면 기술이 늘어 나만의 실력을 발휘할 수 있게 될 거야.

그런데 수준 높은 기술을 보여 주면 창의적인 공연일까요?

▶▶▶ 기술이 완벽하다고 해서 모두 창의적인 공연인 건 아니란다. 남들과는 다른 자신만의 표현으로 관객의 마음을 움직이는 것을 창의성이라고 할 수 있지.

소쌤의 TIP

〈라 실피드〉(LA SYLPHIDE)

프랑스의 발레 작품으로 '라 실피드'는 '공기의 요정'이라는 뜻이야. 스코틀랜드의 농촌이 배경으로, 신비롭고 환상적인 요정들이 전하는 사랑에 관한 이야기란다. 공기 요정의 가벼움을 표현하기 위해 발끝을 완전히 세워 춤추는 장면이 유명하지.

소쌤의 철학특강

플라톤과 칸트의 창의성

창의성은 기술만 가지고는 발휘될 수 없어. 기술을 바탕으로 남들과 다른 자신만의 새로운 생각을 담아내야 하지.

창의성에 대해 철학자들은 뭐라고 말했는지 살펴볼까?

> 플라톤은 시인이 시를 쓸 때 뮤즈(muse)로부터 영감을 받는다고 했단다. 뮤즈는 고대 그리스 신화에 나오는 예술과 학문의 여신이야. 뮤즈로부터 영감을 받은 시인은 반짝이는 아이디어가 떠올라 자신도 모르는 사이 아름다운 시를 쓴다고 해. 이 시는 다른 시인에게도 창의성을 불러일으킨다고 보았지.

↳ 플라톤

한편 독일의 철학자 임마누엘 칸트는
예술은 천재만이 할 수 있는 일이라고 생각했어.

신에 버금가는 '창의적인 존재'인 천재 예술가는 작품을 창작할 때 신적인 능력을 발휘할 수 있다고 생각했지.
칸트는 진정한 예술가를 이미 있는 규칙을 따르지 않고 새로운 작품을 만드는 창의적인 능력을 지닌 사람으로 보았단다.

임마누엘 칸트

칸트는 창의성을 가진 예술가가 신에 버금가는 능력을 지녔다고 보았지.

와, 진짜요? 저도 예술가가 될래요!

창의성을 키우려면 어떻게 해야 할까?

딱 3일만 따라쟁이가 되세요!

"진짜?"

"둘 다 본선에 올라갔다고?"

월요일 아침부터 3학년 3반 교실이 콩쿠르 얘기로 북적북적 요란했어요. 아이들이 이쪽 저쪽으로 몰려다니며 콩쿠르 얘기를 했거든요. 이제 아이들 관심은 콩쿠르 본선으로 옮겨 갔어요. 누가 콩쿠르에서 더 좋은 성적을 받을지 궁금했거든요.

"세나도 진짜 잘 치나 봐?"

"피아노 하면 역시 윤아지. 샛별초등학교 피아니스트잖아!"

"대단하다. 우리 반에서 대한 콩쿠르 1등 나오는 거 아냐? 미리 사인이라도 받아 놔야겠어. 히히!"

수업 시작 전까지 아이들은 삼삼오오 모여 콩쿠르 얘기를 하며

시간을 보냈어요.

수업을 마치고 윤아는 학원으로 힘차게 달려갔어요. 오늘따라 걸음이 경쾌하고 가벼웠어요.

"선생님, 안녕하세요."

"윤아야, 잠깐만."

선생님이 책상 위에 악보를 놓고 살피는 중이었어요. 윤아가 본선에 칠 곡을 골라야 했거든요. 선생님이 쇼팽 즉흥곡 1번을 골라 윤아에게 악보를 건넸어요.

"본선에는 이 곡이 좋겠네. 손도 풀 겸 한번 쳐 볼래?"

몇 달 전에 친 곡이지만, 오늘따라 악보가 너무 낯설었어요. 윤아가 연주를 시작하자, 선생님이 귀를 쫑긋 세웠어요. 첫 마디를 경쾌하게 시작했지만, 뒤로 갈수록 조금씩 힘이 빠졌어요.

"맑고 경쾌하게 장난치듯 발랄하게 쳐야 해. 그렇게 치면 로봇이 치는 것 같잖아."

말은 짧고 간단했지만, 손가락으

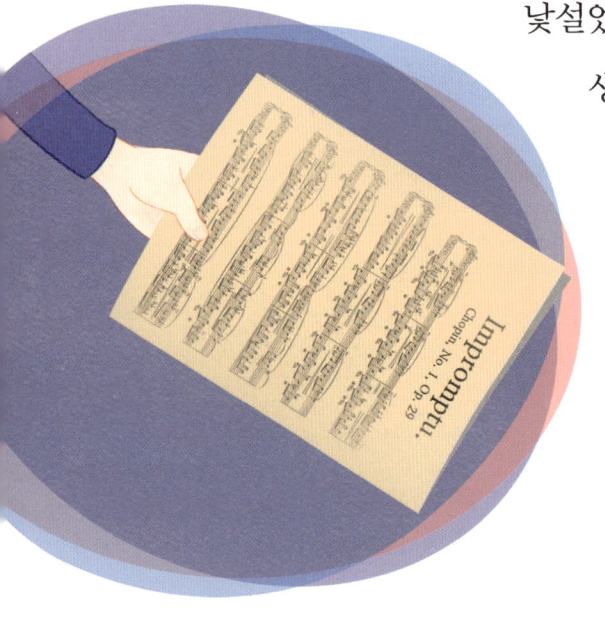

로 맑고 경쾌하게, 장난치듯 발랄하게 치는 게 정말 어려웠어요.

    악보를 가리키며 선생님이 설명을 시작했어요. 몇 분 듣지도 않았지만, 예선보다 준비할 것이 더 많았어요.

날이 갈수록 선생님 잔소리가 늘어났어요. 예선 준비할 때는 한 달 정도 여유가 있었지만, 본선은 보름밖에 시간이 없어 마음이 더 불안했어요. 하루 이틀, 날이 흘러갔지만, 아무리 노력해도 연주가 달라지지 않았어요.

'경쾌하고 발랄하게 쳤는데, 왜 선생님은 로봇처럼 딱딱하게 친다고 말할까?'

윤아는 선생님 얘기에 기분이 축 가라앉았어요. 머릿속에서 '로봇'이라는 단어가 떠나가지 않아 마음이 무거웠어요.

목요일, 급식 시간이었어요. 윤아는 급식판을 갖다 놓고는 뚫어지게 쳐다만 볼 뿐 몸이 얼어 버린 듯 꼼짝도 하지 않았어요. 채영이 밥을 먹다 말고 윤아에게 고개를 돌렸어요.

"무슨 일 있어?"

윤아가 깜짝 놀란 듯 정신을 차리며 채영이를 보았어요.

"아, 아니."

윤아는 아무 일도 없다는 듯 일부러 밝은 표정을 지으며 고개까지 흔들었어요.

"그런데 왜 밥을 안 먹어?"

오늘 급식은 윤아가 제일 좋아하는 매콤달콤 떡볶이, 떡과 당면을 넣은 소불고기, 부추로 속을 꽉 채운 오이소박이, 탱글탱글 잘 익은 방울토마토가 나왔어요. 다른 날 같으면, 부족하다며 채영이가 남긴 것까지 뺏어 먹었을 거예요. 하지만 오늘은 아예 손도 대지 않은 반찬이 더 많았어요.

"어, 이제 먹을 거야."

윤아는 씩 웃으며 숟가락을 들었어요. 불고기는 씹지도 않고 그냥 넘겼어요. 대충대충 먹는 둥 마는 둥 음식을 입에 넣기 바빴어요. 순식간에 급식판을 비우고, 얼른 자리에서 일어났어요.

윤아는 급식실을 나와 교실로 향했어요. 너무 빨리 먹었는지, 배가 터질 것 같아 제대로 걸을 수 없었어요. 윤아는 잠시 쉬었다가 운동장으로 발길을 돌렸어요.

배를 꺼트릴 겸 운동장을 걸었어요. 두 바퀴를 돌고 나자, 땀이 나고 불룩한 배가 조금 가라앉았어요. 하지만 복잡한 머릿속은 맑아지지 않았어요. 머릿속은 온통 피아노에 대한 생각으로 가득 찼어요. 이번 주가 지나면 이제 일주일밖에 남지 않았거든요. 짧은 시간 동안 아무리 연습해도 로봇처럼 딱딱하게 치는 자신의 피아노 연주를 고칠 수 없다는 생각에 머릿속이 하얘졌어요. 윤아는 한참 허공을 바라보다가 힘없이 교실로 걸어갔어요.

  수업이 끝나고 교실을 나가려는데 어깨가 무거워 학교 밖으로 나가기가 싫었어요. 윤아는 운동장으로 걸어가 벤치에 잠깐 앉았어요. 고개를 들어 하늘을 바라보았어요. 파란 가을 하늘이 맑고 깨끗했어요. 윤아는 복잡한 머릿속을 가을 하늘처럼 맑게 청소하고 싶었어요. 오늘따라 아무것도 하기 싫었어요. 학원도 싫고, 연습도 싫었어요. 모든 게 귀찮았거든요.

  "에잇, 모르겠다."

  윤아는 휴대폰을 끄고 벤치에 기대어 눈을 감았어요. 솔솔 부는 바람이 마음을 편안하게 했어요.

다음 날, 교문 앞에서 채영이 윤아를 보고 먼저 말을 걸었어요. 윤아 얼굴에 회색 구름이 머물러 있었거든요.

"야, 너 어제 뭐 했어?"

뭔가 아는 듯 채영의 말꼬리가 조금 올라갔어요. 엄마가 윤아를 찾는다고 채영의 집에도 전화했거든요.

"뭐 하긴, 학교에 그냥 있었지."

윤아 목소리에 힘이 없었어요.

"힘든 일 있어? 나한테 말해 봐."

채영이 무심코 던진 말에 윤아는 마음속에 담은 고민을 모두 털어놨어요. 피아노 때문에 모든 것이 귀찮고 힘들다고 얘기했어요. 채영은 갑자기 걸음을 멈췄어요. 뭔가 생각나는 게 있었거든요.

"잠깐만."

채영은 급하게 휴대폰을 들고 무언가를 찾았어요.

"여기 있네. 이것 좀 봐. 피우쌤이라고, 진짜 족집게래. 아니 피아노 신이지. 히히!"

채영은 피아니스트 우렁각시 피우쌤이 운영하는 유튜브 채널을 보여 줬어요. 채영은 혹시나 하며 지난번 콩쿠르 예선에서 쳤던 모차르트 곡을 찾아봤어요.

윤아는 동영상 앞부분을 유심히 살폈어요. 7분짜리 영상인데, 설명이 간단하면서도 귀에 쏙쏙 들어왔어요.

"와! 진짜 끝내주는데? 지난번에 내가 고민했던 걸 콕콕 집어 주네. 뒷부분은 집에 가서 볼 테니까, 지금 당장 주소 보내."

"괜찮지? 생긴 지 얼마 안 돼서, 아는 사람 별로 없어."

"여기 어떻게 알았는데?"

"아, 우리 교회에 미나 언니라고 있잖아. 내가 봐도 피아노 진짜 못 치는데, 국제 콩쿠르에서 상을 받지 않았겠어? 그래서 내가 슬쩍 물어봤지."

윤아 표정이 밝아졌어요. 왠지 모를 자신감이 생긴 듯, 윤아는 히죽히죽 웃으며 교실로 올라갔어요.

윤아는 수업을 마치고 곧장 학원으로 뛰어갔어요. 윤아가 피아노를 치면, 선생님이 기다렸다는 듯 바로 지적했어요. 항상 같은 부분에서 같은 얘기를 반복했어요. 귀에 딱지가 앉을 정도였지만, 윤아는 싱긋 웃으며 대수롭지 않게 생각했어요. 한 귀로 듣고 한 귀로 슬쩍 흘렸거든요. 오히려 목에 힘을 주는 선생님만 점점 더 지쳐 갔어요. 완전 소귀에 경 읽기였지요.

"윤아야, 어제 하루 쉬어서 그러니? 오늘은 더 안 되네. 한 번만 더 쳐 보자."

선생님은 점점 힘이 빠지는 듯 목소리가 축 늘어지면서 가라앉았어요.

윤아는 한 시간 반을 꽉 채우고 학원에서 쏜살같이 나왔어요. 집에 가자마자 피아노 앞에 앉아 피우쌤 유튜브 채널에 있는 레슨 동영상을 열어 봤어요.

"와!"

영상을 보면서 입이 쩍 벌어졌어요. 윤아가 지적받는 부분을 집중적으로 알려 줬거든요. 피우쌤이 가르치는 방법은 정말 깔끔했어요.

제일 처음에 본 것은 짧은 음을 끊어지지 않고 풍성하게 울려 퍼지도록 치는 방법이었어요. 피우쌤은 악보를 가리키며 "여기서 페달 0.5초, 여기서 페달 0.5초, 여기서 페달 1초."라고 말하며 어디서 어떻게 쳐야 하는지 콕콕 집어 줬어요. 간단했지만, 설명이 귀에 쏙쏙 들어왔어요. 같은 말인데, 우리 선생님도 이렇게 알려 주면 얼마나 좋을까요?

게다가 곡의 핵심 정리가 아주 마음에 들었어요.

"표현하기 어려운 세 곳만 해결하면, 이 곡은 완전히 달라집니다. 먼저 표현하기 어려운 세 곳을 악보에 표시하세요. 그러고 나서 설명을 듣고 수첩에 적으세요. 그대로 따라 하면, 무조건 성공합니다."

윤아는 피우쌤이 얘기하는 것을 듣고 바로 적었어요.

피우쌤은 고양이처럼 두 손을 올리더니, 살금살금 걷는 흉내를 냈어요. 입으로는 "쥐를 잡으러 살금살금 다가가는 손 모양"을 큰 소리로 말했어요.

윤아는 자기도 모르게 손 모양이 고양이처럼 바뀌었어요. 귓가에는 피우쌤 목소리가 어렴풋이 들렸어요. 진짜 쥐를 잡으러 다가가는 고양이가 되었어요.

"오! 되네."

윤아는 기분이 너무 좋았어요. 선생님께 매일 지적 받는 부분이었거든요.

"자, 두 번째는 먼 산을 바라봐야 해요. 곡을 훌륭히 연주하는 것만큼 음악을 듣는 사람에게 연주자가 어떻게 보이는지도 중요해요."

피우쌤은 고개를 슬쩍 올리면서 눈을 감았어요. 너무 좋아서 미칠 것 같다는 표정을 지으며 고개를 좌우로 천천히 흔들었어요.

"보셨죠? 이렇게 해야 심사위원이 이 곡을 제대로 느끼고 있다고 생각할 거예요. 바로 따라 해보세요."

윤아는 다시 따라 했어요. 눈을 감고 피아노를 치려니, 손가락이 다른 음을 툭툭 건드렸어요. 하지만 몇 번 연습하다 보니, 자연스럽게 눈이 감기고 건반도 정확하게 칠 수 있었어요. 마지막에 고개를 천천히 흔드는 것도 성공했고요.

"자, 마지막으로 하나만 더 할게요. 이곳은 아주 많이 틀리는 곳이에요. 여기서 잠깐 쉬고 쳐야 하는데, 무턱대고 연주하면 곡이 지저분해지거든요. 여기서 허리를 살짝 펴고 숨을 딱 1초 쉬세요. 그리고 신나게 달려가듯 들어가 보는 거예요. 어디를 간다고요? 여러분이 제일 좋아하는 곳을 떠올려 보세요."

피우쌤이 얘기하면서 마지막에는 양손을 세차게 흔들었어요.

윤아는 피우쌤이 시키는 대로 숨을 크게 한번 쉬어 봤어요. 그러고는 건반에 손을 올리고 아이스크림 가게 문을 여는 것을 상상했어요. 마지막도 성공이었어요. 윤아는 피우쌤에게 배운 것을 모두 수첩에 적었어요. 윤아는 수첩을 보면서 함박웃음을 지었어요. 다시 봐도 너무 간단하고 재미있었거든요.

"수업은 여기까지입니다. 오늘 제가 얘기한 것 무조건 적어 놓고, 그대로 연습하세요. 딱 3일만 따라쟁이가 되세요. 참, 3일 뒤에는 수첩에 적어 둔 것도 보지 말고, 동영상도 보지 마세요. 알겠죠? 우리 또 만나요. 안녕!"

피우쌤이 손을 흔들며 인사했어요.

윤아는 자기도 모르게 일어나 고개를 숙이며 피우쌤에게 인사했어요. 딱 3일만 따라쟁이가 되라는 말이 아주 마음에 들었어요.

주말이 훌쩍 지나가고 월요일이 되었어요. 윤아는 수업을 마치고, 학원으로 달려갔어요. 문 앞에서 수첩에 적어 둔 것을 한 번 더 살폈어요. 그러고는 문을 열었어요.

"선생님, 안녕하세요."

활짝 웃으며 경쾌한 목소리로 인사를 하고는 의자에 앉았어요. 윤아는 싱긋 웃으며 건반에 손을 올렸어요. 그러고는 곧바로 연주를 시작했어요. 몇 마디 치지도 않았는데, 선생님 입이 쩍 벌어지면서 눈이 동그래졌어요. 연주가 끝나자, 선생님이 천천히 일어나며 손뼉을 쳤어요.

"와! 정말 많이 좋아졌네. 조금만 더 연습하면 완벽해지겠어!"

선생님 말투와 표정이 달랐어요. 윤아는 너무 기뻐 얼굴에서 미소가 사라지지 않았어요. 피우쌤이 시키는 대로 연습했을 뿐인데, 금, 토, 일 사흘 동안 이렇게 달라졌다는 게 믿을 수 없었어요.

노력도 창의성에 필요한 능력이야!

남들과 다른 아이디어가 많다고 모두 창의성이 좋은 건 아니랍니다. 노력도 창의성을 키우는 데 필요한 요소이지요.

앙브루아즈 볼라르

피카소 <앙브루아즈 볼라르의 초상>

같은 제목의 피카소 작품

위 그림은 같은 사람으로 보이니, 다른 사람으로 보이니?

왼쪽은 볼라르를 찍은 사진이고 나머지는 피카소가 그린 볼라르의 초상화군요.

피카소는 화가인 아버지의 가르침을 받아 어릴 적부터 미술 수업을 받았지. 물론 대상을 사실적으로 그리는 연습도 했어. 피카소같이 천재적인 화가도 자신만의 고유한 개성을 발휘한 그림을 그리기 전에 기본기를 익히는 훈련을 철저히 받았단다.

그런데 오른쪽 그림은 왼쪽 사진과 꽤 닮았어요. 저는 피카소가 저렇게 사실적인 그림을 그릴 줄 몰랐어요.

그런데 같은 사람을 그린 피카소의 그림이 서로 너무 달라요!

입체파 화가인 피카소는 대상을 다양한 관점에서 그렸어. 그래서 어떤 그림은 얼굴 하나에 옆얼굴, 앞 얼굴을 한꺼번에 보여 주기도 하지.

소쌤의 창의특강 — 맹자도 따라쟁이?

창의력은 한 번에 완성되지 않아. 아무리 뛰어난 재능을 타고났어도 꾸준한 연습을 통해 실력을 닦아야 하지. 그렇게 본다면 '노력'도 일종의 능력이라고 할 수 있어! 맹자의 이야기를 함께 살펴볼까?

> 맹자의 어머니가 교육을 위해 세 번 이사했다는 '맹모삼천지교(孟母三遷之敎)'를 통해 창의력을 키우려면 노력도 중요하다는 걸 알 수 있단다.

아이고, 아이고

맹자의 어린 시절 집 근처에 공동묘지가 있었는데 맹자는 '아이고, 아이고' 하며 장례를 치르는 걸 따라 하며 놀았어. 보다 못한 어머니가 다시 이사했는데, 하필 시장이 있는 곳이었단다. 이번에 맹자는 사람들이 장사하는 모습을 따라 하곤 했어. 그러자 맹자의 어머니는 서당 근처로 집을 옮겼어. 그곳에 와서야 맹자는 글을 읽는 모습을 따라 했지. 매일 글을 읽고 학문에 정진한 덕분에 맹자는 훌륭한 학자로 자랐단다.

저는 맹자가 연기에 소질이 있는 것 같아요. 요즘 같으면 학자 대신 훌륭한 배우가 되지 않았을까요?

듣고 생각도 그럴 듯한데?

처음부터
잘하는 사람은 없어

콩쿠르 본선까지 딱 3일 남았어요. 윤아는 수첩에 적은 내용을 보며 열심히 연습했어요. 아마 하루에 백 번은 더 따라 했을 거예요. 하지만 어색한 부분이 두 곳이나 있어 기분이 찝찝했어요. 피우쌤이 알려 주지 않은 곳에서 계속 지적을 받았거든요.

"이곳은 왜 알려 주지 않았을까?"

윤아는 댓글로 질문을 쓰려다가 잠시 머뭇거렸어요. 글을 남기면 누가 썼는지 알 수 있잖아요.

선생님이 로봇같이 친다는 말은 이제 하지 않았지만, 이 부분만 고치면 마음이 더 홀가분해질 것만 같았어요.

윤아는 저녁을 먹고 피아노 앞에 다시 앉았어요.

"어!"

　수첩이 없었어요. 가방 속을 보았지만, 수첩을 찾을 수 없었어요.

　"어떡하지? 동영상을 보고 다시 적을까?"

　윤아는 휴대폰을 올려놓고, 피우쌤 동영상을 찾았어요.

　"아! 맞다."

　예전에 피우쌤이 했던 말이 떠올랐어요. 3일만 따라 하고, 그 이후에는 동영상도 수첩도 보지 말라는 말을 했거든요. 어제로 3일이 지났지만, 수첩이 없어 마음이 불안했어요.

　"좋아. 피우쌤을 한번 믿어 보자."

　윤아는 중얼거리며 건반에 손을 올렸어요. 눈을 감고 건반 위에서 손가락을 움직였어요. 손가락이 건반에 닿을 때마다 머릿속에서 노래가 흘러나왔어요. 몸이 피아노와 하나가 된 듯 입에서도

 노래가 나왔어요. 윤아는 자기도 모르게 감탄사가 흘러나왔어요. 노래를 부르니까, 뭔가 떠오르고, 누군가 이야기를 들려주는 기분이 들었거든요.

"와! 이게 상상하며 치는 거구나."

 윤아는 몸으로 느끼며 피아노를 쳐야 곡을 제대로 연주할 수 있다는 것을 느꼈어요. 윤아는 다시 한번 노래를 부르며 연습했어요. 이제 자신감이 생겼어요. 어색한 부분 두 곳도 노래하듯 흘려보냈어요. 지금까지 했던 고민이 싹 날아가는 것 같았어요.

 윤아는 마음이 급했어요. 사흘밖에 남지 않았는데 아직 고쳐야 할 부분이 많았거든요. 선생님 얘기처럼 곡이 너무 빠르고 어려웠

어요. 손이 작아 건반 사이를 빠르게 오르내리는 게 쉽지 않았어요. 선생님이 처음에 했던 얘기가 가슴을 후벼파고 들어왔어요.

한참을 고민하다가 휴대폰으로 방법을 찾아봤어요. 연주자 동영상을 보고 따라서 치라는 얘기가 많았어요.

"좋아! 한번 해보자."

윤아는 유튜브에서 유명 피아니스트가 치는 연주를 찾았어요. 제대로 치는 게 힘들면, 흉내라도 내는 게 옳다고 생각했어요. 손이 작아서 연습을 해도 이건 극복할 수 없다고 생각했어요. 제대로 안 되는 부분을 찾아 동영상을 몇 번이고 돌려 보았지요.

"그래, 여기서 더 힘있게 치고 나가면 좋겠네."

윤아는 동영상 속 연주자가 치는 것을 보며 따라서 쳤어요. 볼 때마다 기분이 조금 나아졌지만, 고쳐야 할 부분이 아직 많았어요. 이게 아니라는 것을 알면서도 어쩔 수 없다고 생각했어요.

"딩동댕동 딩동댕동."

금요일 마지막 수업이 끝났어요. 아이들은 춤추며 교실을 뛰어나갔어요. 윤아와 채영이는 학교 앞에 있는 편의점으로 곧장 달려갔어요. 윤아가 채영이에게 과자와 음료수를 사 주었어요. 점심시간에 채영이가 피아노 닦는 수건을 선물로 주며 콩쿠르 본선을 응원해 줬거든요.

계산하고 돌아서는데 아주머니가 수첩을 내밀었어요.

"이거 학생 거 아냐?"

잃어버린 수첩이었어요.

"제 거 맞아요. 감사합니다."

윤아는 공손하게 인사하고 수첩을 받았어요. 그러고는 채영과 함께 의자에 앉았어요.

"어땠어?"

"피우쌤, 최고야. 그리고 우리 선생님

도…….."

채영이가 묻자, 윤아는 엄지손을 올리며 한쪽 눈을 깜빡였어요.

"그게 무슨 말이야? 피우쌤은 알겠는데, 너희 선생님은 왜?"

채영이는 입을 쑥 내밀며 고개를 갸웃거렸어요.

"그런 게 있어. 같이 가서 볼래? 오늘 마지막 연습인데."

윤아는 자신감이 생겼는지 말을 하면서도 입에 걸린 미소가 좀처럼 사라지지 않았어요.

"그럼 가서 한번 확인해 볼까?"

채영이가 으름장을 놓듯 목소리를 내리깔다가 참았던 웃음이 빵 터져 나왔어요.

"알지? 비밀인 거. 혹시라도 우리 선생님한테 말하면 안 된다."

"알았어. 약속."

채영이가 먼저 새끼손가락을 내밀었어요. 둘은 손가락을 서로 흔들며 고개까지 끄덕였어요.

"잠깐만."

윤아가 호주머니 속에 넣은 수첩을 꺼내 쓰레기통에 넣었어요.

"그거 중요한 거 아냐?"

"이젠 아니야. 없어도 돼."

윤아 목소리가 오늘따라 더 맑고 유쾌했어요.

윤아는 채영의 손을 잡고 학원으로 들어갔어요.

"선생님, 친구가 제가 연습하는 걸 보고 싶다고 해서 데려왔어요."

"그래, 잘했어."

선생님도 마음이 편한 듯 활짝 웃으며 대답했어요.

윤아는 피아노를 치기 전에 채영이 준 봉투를 열었어요. 그러고는 분홍빛 수건을 꺼내 건반을 먼저 닦았어요.

"윤아야, 그건 어디서 났니?"

선생님이 싱긋 웃으며 윤아를 바라봤어요.

"채영이가 응원 선물로 줬어요."

윤아는 대답하면서 채영에게 고개를 돌렸어요.

"그건 그렇게 닦는 게 아닌데."

윤아가 요란하게 청소하듯 건반을 닦았거든요. 선생님이 다가가서 건반 닦는 법을 알려 줬어요.

윤아는 피아노 앞에 앉았어요. 연주하면서 노래하듯 입을 흥얼거리기 시작했어요. 음을 풍성하게 내기 위해 페달을 밟고, 고개를 올렸다가 내리면서 감정을 표현했어요. 연주가 끝나자, 선생님이 손뼉을 치며 다가왔어요.

"우리 윤아, 연습 진짜 많이 했구나. 특히 마지막 숨을 한번 쉬고 들어가는 거 너무 자연스러워. 이제 거의 완벽해! 어젯밤에 우렁 각시라도 나타났나?"

선생님 얘기에 윤아는 깜짝 놀랐어요. 뒤에 있던 채영이도 너무 놀라 자리에서 일어날 뻔했어요.

"우, 우렁 각시라뇨?"

윤아는 갑자기 얼굴이 붉어지며 말을 더듬었어요.

"아니야, 농담이지. 너무 잘 쳐서 그냥 해본 말이야."

선생님은 마음이 놓였는지, 다른 날보다 연습을 빨리 끝냈어요.

다음 날 아침, 윤아는 평소보다 늦게 일어났어요. 마음이 설레었는지, 밤에 잠을 설쳤거든요. 급하게 택시를 타고 엄마와 함께 예술문화회관으로 향했어요. 선생님은 엄마 전화를 받고 미리 도착해 있었어요.

아슬아슬하게 접수하고 복도에서 기다렸어요. 본선 참가자가 적어 예선 때보다 더 빨리 시작했어요. 시작하기 전, 참가자 모두 연습실에 들어가 5분 동안 손을 풀었어요.

드디어 본선이 시작됐어요. 1번부터 한 명씩 들어갔어요. 세나는 3번, 윤아는 7번이었어요.

세나는 윤아가 신경 쓰이는지 조금 떨어진 곳에 앉았어요. 윤아는 떨렸지만, 숨을 한 번 쉬고 차분하게 마음을 가라앉혔어요. 악보를 무릎에 올려놓고 눈을 감았어요. 입을 흥얼거리며 연주하듯

악보 위에서 손가락을 놀렸어요. 진짜 피아노가 있는 것처럼 건반이 툭툭 쳐지고, 소리도 생생하게 났어요. 진짜 연주하는 느낌이었어요. 칠 때마다 더 자신감이 생겼어요.

   시간이 꽤 흐른 것 같아 무대로 고개를 돌렸어요. 세나가 무대로 올라갔어요. 세나 연주가 궁금했지만, 다시 눈을 감고 한 번 더 연습했어요.

   7번을 부르는 안내 방송이 흘러나왔어요. 윤아는 차분하게 일어나 당당하게 무대로 걸어갔어요. 의자에 앉아 채영이 준 수건으로 건반을 먼저 닦았어요. 눈을 감고 천천히 숨

 을 내쉬었어요. 윤아가 연주를 시작했어요. 곡의 느낌을 살려 맑고 경쾌하게 치면서 피아노와 장난치듯 발랄하게 손을 움직였어요.

 선생님이 대기실 앞까지 나와 윤아를 기다렸어요.
 "윤아야, 잘 쳤어. 최고의 연주였어."
 선생님이 환하게 웃으며 윤아 손을 꼭 잡았어요.
 "와! 깜짝 놀랐는걸. 도대체 비결이 뭐야?"
 엄마도 놀라운 표정을 지으며 엄지손가락을 척 올렸어요.

"진짜요?"

윤아는 두 사람을 번갈아 보면서 생글생글 웃었어요.

"그래, 오늘 실력 발휘 제대로 했어."

"선생님, 세나는요? 세나 잘 쳤어요?"

"너 나오기 전에 벌써 갔어. 조금 쉬운 곡을 골랐으면 좋았을 텐데. 너무 어려운 곡을 골랐네."

선생님이 말을 하면서도 아쉬운 듯 표정이 어두웠어요.

윤아가 오기 전, 세나 선생님이 찾아왔어요. 실수를 많이 하는 바람에 수상은 기대할 수 없다는 얘기를 하고 먼저 갔어요.

윤아 엄마가 생글생글 웃으며 선생님과 눈을 맞췄어요.

"오늘 윤아 연주 들어 보고 깜짝 놀랐어요. 마치 누군가와 대화하는 느낌이랄까? 어쨌든 그런 느낌이 들었어요. 모두 선생님이 잘 지도해 주신 덕분이에요."

"별말씀을요. 윤아가 잘 따라 주니까, 저도 가르치기 편해요."

윤아는 선생님 얘기에 양심에 찔린 듯 마음 한쪽이 아려 왔어요. 지금까지 선생님 말씀보다 피우쌤 얘기를 더 많이 들었거든요.

윤아는 선생님께 사실을 털어놓을까 말까 고민했어요. 아무리 생각해도 사실을 말하는 게 옳다고 생각했어요. 윤아는 주먹을 꼭 쥐며 고개를 돌렸어요.

"선생님, 사실은요……."

"알아, 알아, 네가 얼마나 연습을 많이 했는지. 고생 많았어."

선생님이 훅 끼어드는 바람에 윤아는 말할 틈이 없었어요. 게다가 엄마가 잽싸게 말을 이어받았어요.

"맞아요. 일주일 내내 밤 10시까지 연습하더라고요."

엄마는 신이 나는지 말을 참지 못했어요. 그러고는 선생님과 한참 동안 얘기를 주고받았어요. 끼어들 틈이 없었어요. 윤아는 오히려 잘됐다고 생각하며 피식 웃었어요. 창밖에 벤치가 보였어요.

"저, 잠깐 밖에 나갔다 올게요."

윤아는 밖으로 나가 벤치에 앉았어요. 안에서 기다리는 게 너무 답답했거든요. 고개를 들어 하늘을 보았어요. 오늘따라 맑고 파란 가을 하늘이 더 높아 보였어요. 하늘에는 몽실몽실 구름이 떠다녔어요. 윤아는 하늘을 보며 활짝 웃었어요. 그러고는 구름을 향해

조용히 말을 걸었어요.

"세상에 처음부터 잘하는 사람이 어디 있어. 열심히 하다 보면 좋은 결과가 나오는 거지. 히히."

엄마가 윤아가 보이는 창 앞으로 급하게 뛰어왔어요. 그러고는 윤아에게 활짝 웃으며 얘기했어요. 창이 막혀 하나도 들리지 않았지만, 엄마의 손가락 세 개가 3등이라고 얘기하는 것 같았어요. 윤아는 너무 좋아 자리에서 벌떡 일어났어요. 온 힘을 다해 엄마에게 달려갔어요.

입구에는 본선 결과가 붙어 있었어요. 혹시나 싶어 윤아는 벽에 붙은 결과를 살폈어요. 위에서 세 번째에 윤아 이름이 선명하게 적혀 있었지요. 하지만 세나 이름은 없었어요. 윤아는 곡에 대한 느낌과 생각을 담아 연주하는 것이 무엇인지 조금은 알 것 같았어요. 선생님이 말씀하신 것이 이제야 이해가 되었지요.

다음 날, 3학년 3반 아이들은 윤아의 수상 소식으로 이야기꽃을 피웠어요. 윤아가 친구들에게 둘러싸여 있자 세나는 힘없이 고개를 떨구었지요. 윤아는 세나에게 다가가 말을 걸었어요.

"콩쿠르 결과는 아쉽게 되었지만 세나 연주도 훌륭했어."

"아냐, 내 실력을 믿고 내가 너무 오만했던 것 같아."

"나 같으면 어려운 곡이라 엄두도 못 냈을 텐데, 떨리는 순간에도 최선을 다하는 네 모습이 멋지던걸."

"고마워. 나도 윤아 연주에 감동했어. 너처럼 자신만의 색깔을 가진 연주자가 되고 싶어."

"이번 콩쿠르가 끝이 아니라 다음 기회도 있으니까, 우리 앞으로 서로 더 열심히 하자."

"그래, 다음번엔 나도 지지 않을 거야."

활짝 웃으며 세나가 말하자, 윤아도 같이 따라 웃었어요.

에필로그

윤아가 피아노 학원 문을 밀고 들어가는데, 선생님이 환하게 웃으며 고개를 돌렸어요.

"윤아야, 대한 콩쿠르 일정이 떴네! 이번에는 1등 해야지, 작년에는 너무 어려 언니 오빠들보다 잘 치는 게 힘들었을 거야. 올해는 키도 손도 컸으니, 이제 제대로 붙어 볼 만하잖아."

"당연하죠! 이번에는 본선 곡으로 멘델스존 칠게요."

윤아는 해맑게 웃으며 고개를 끄덕였어요.

"좋아. 다음 주부터 최선을 다해 준비해 보자."

윤아는 학원을 마치고, 곧장 집으로 달려갔어요. 그러고는 휴대폰에서 피우쌤 채널을 찾았어요.

"아, 여기 있네."

윤아는 싱긋 웃으며 피우쌤 채널을 열었어요.

"헉!"

구독자가 5만 5천 명이 넘었어요. 조심스럽게 '멘델스존 판타지

op. 28'을 검색해 봤어요. 조회 수 32만 건에 댓글도 4천 개가 넘었어요.

"망했다."

힘이 쭉 빠졌어요. 이렇게 많은 사람이 피우쌤 영상을 본다면, 모두 비슷하게 칠 거잖아요. 윤아는 천천히 창가로 걸어가 고개를 들어 하늘을 보았어요. 몽실몽실 피어난 하얀 구름이 바람에 천천히 움직였어요. 그런데 뭔가 눈앞에서 반짝거리며 지나갔어요.

윤아 눈앞에 1년 전 기억이 또렷하게 떠올랐어요. 피우쌤 영상을 봤지만, 결국 안 되는 부분은 자신의 힘으로 해결했잖아요. 가만히 생각해 보니, 피우쌤 영상을 보면서 진짜 연습을 많이 한 것 같았어요.

"맞아. 연습이 실력이지. 이번에는 혼자 할 수 있어. 히히!"

윤아는 하얀 구름을 보며 고개를 끄덕였어요. 휴대폰을 다시 열어 방금 보았던 피우쌤 채널을 깔끔하게 지웠어요.

만일 나라면?

완벽하게 연주해도 그게 다가 아니라는 걸 너희들이 깨달은 것 같구나. 음악을 듣는 사람은 밴드의 개성 있는 연주에 공감하고 싶어 한단다. 음악을 통해 연주자와 관객이 서로 마음을 주고받는다고 할까? 그렇다면 기술적으로 뛰어나다고 해서 꼭 좋은 연주는 아닐 수도 있겠다!

세나가 어려운 곡을 택한 이유가 그거잖아요. 콩쿠르에서 높은 점수를 받으려고요. 하지만 이야기를 듣다 보니 기술이 완벽하다고 해서 꼭 좋은 연주일까 하는 의문이 들어요.

새롬이 말은 뛰어난 기술을 가진 인공 지능의 연주를 우리가 당연시한다는 거구나. 하지만 사람이 실수 하나 없이 연주를 마치면 칭찬을 받겠지?

여러분은 아래 사진이 연주자 없이 악기만 있는 텅 빈 무대로 보이나요? 천만의 말씀! AI 밴드, 리마 인공 지능 밴드(RIMA AI BAND)라는 로봇 밴드의 무대랍니다. 리마 밴드는 인공 지능 기술로 작곡한 곡을 피아노와 드럼, 기타, 베이스를 비롯해서 모두 6종류의 악기로 연주까지 도맡아 하고 있어요! 그런데 인공 지능 밴드의 공연을 관람한 뒤 사람들이 댓글을 달았네요. 댓글을 읽고 나와 같은 생각이면 '좋아요!'에 ♡를 달아 보세요. 또 덧붙이고 싶은 말이 있으면 여러분의 의견도 댓글로 남겨 주세요!

ID	댓글	좋아요
슈퍼맨****	온종일 연주해도 지치지 않고 실수도 하지 않을 것 같아요.	☐
자나깨나 불조심***	연주자 없이 곡을 들으니 위험한 일도 없겠어요.	☐
로맨틱덕후***	↳ 그렇지만 공연장에 개미 한 마리 없으니 너무 썰렁해요! 음악을 들을 기분이 나지 않을 것 같아요.	☐
레알 아티스트****	내 눈에는 그냥 프로그래밍이 된 음악을 틀어 주는 기계로 보여요. 리마 밴드를 예술가로 부를 수 있을지 모르겠네요.	☐

| 내 ID | 댓글 | 좋아요 ☐ |

그래도 기계는 실수를 안 할 테니 기술적으로 나무랄 데 없을 것 같아요. 실수한다고 해도 그건 AI를 프로그래밍한 인간의 실수겠죠.

저는 리마 밴드가 관객에게 호응한다고 해도 곧이곧대로 보이지 않을 것 같아요. '저런 것까지 프로그래밍한 걸까?' 이런 생각이 들겠죠.

난 '로맨틱 덕후'에 한 표! 음악이 좋아 환호했는데 연주자가 반응이 없으면 들을 맛이 날까요?

모나리자를 창의적으로 다시 그린 다양한 작품들

많은 화가가 레오나르도 다빈치의 '모나리자'에 감명받고, 자신만의 방식으로 새롭게 변형해서 그렸어요. 여러분이라면 모나리자를 어떻게 그렸을까요? 많은 화가가 그린 작품을 참고해서 자신만의 모나리자를 새롭게 그려 보세요.

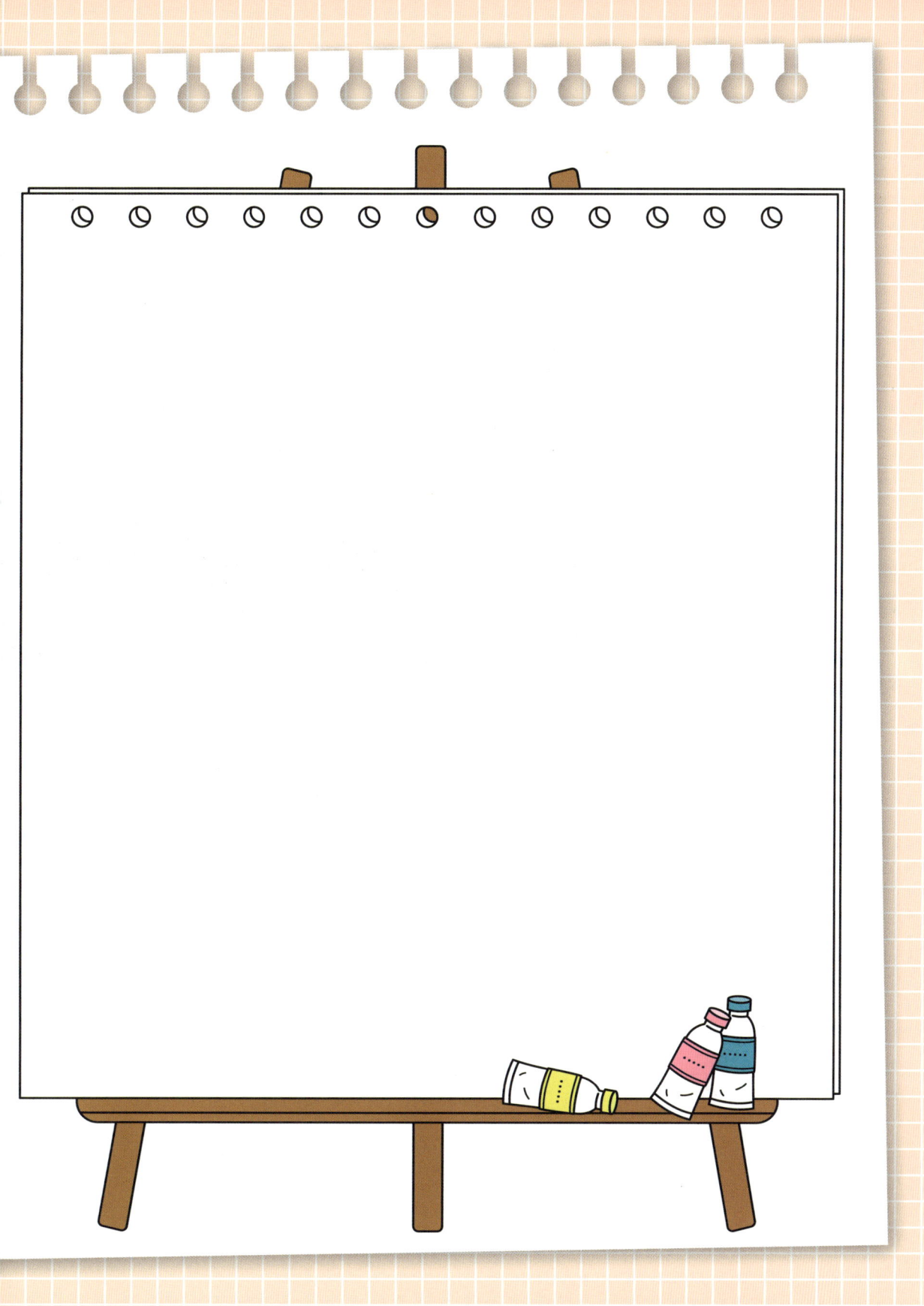

200만 부 판매 돌파!

AI 시대 미래
토론

 한국디베이트협회
 서울시 교육청 추천도서
 2017 세종도서 교양부문
 2012 문화체육관광부 우수교양도서
 미래창조과학부인증 우수과학도서 2018
 책나라
 2016년 우수건강도서

과학토론왕

✅ 뭉치북스가 만든 국내 최초 토론책!   ✅ 초등 국어
✅ 한국디베이트협회와 교

01	함께 사는 로봇
02	원시인도 모르는 공룡
03	더 멀리 더 높이 더 빨리 스포츠 과학
04	까만 우주 속 작은 별
05	노벨도 깜짝 놀란 노벨상
06	지켜라! 멸종 위기의 동식물
07	도로시의 과학 수사대
08	살아 있는 백두산
09	콸콸콸콸! 오늘의 황사 뉴스
10	앗! 이런 발명가, 와! 저런 발명품
11	아낄수록 밝아지는 에너지
12	과학 Cook! 문화 Cook! 음식의 세계
13	과학을 훔친 수상한 영화관
14	끝없이 진화하는 무서운 전염병
15	지구 온난화 탄소배출권
16	먹을까? 말까? 먹거리 X파일
17	우리 몸을 흐르는 피와 혈액형
18	진짜? 가짜? 가상현실과 증강현실
19	두근두근 신비한 우리 몸속 탐험
20	우리를 위협하는 자연재해
21	봄? 가을? 경계가 모호해지는 사계절
22	세균과 바이러스 꼼짝 마! 약과 백신
23	생태계의 파괴자? 외래 동식물
24	콸콸콸~ STOP!!! 우리나라도 위험해요, 소중한 물
25	오늘도 나쁨! 작아서 더 무서운 미세먼지
26	식량 위기에서 인류를 구할 미래 식량
27	썩지 않는 플라스틱 지구와 인간을 병들게 하는 환경 호르몬
28	나와 똑같은 또 다른 나, 인간 복제
29	미래의 디지털 첨단 의료
30	땅속 보물을 찾아라! 지하자원과 희토류
31	농사일부터 우주 탐사까지, 미래는 드론 시대
32	알쏭달쏭 미지의 세계, 뇌
33	얼마나 작아질까? 어디까지 발달할까? 나노 기술과 첨단 세계
34	찾아라! 생명체가 살 수 있는 또 다른 별, 제2의 지구
35	배울수록 더 강해지는 인공 지능
36	창조론이냐? 진화론이냐? 다윈이 들려주는 진짜진짜 진화론
37	모두모두 소중한 생명! 멈칫요 동물 실험
38	유해할까? 유용할까? 생활 속 화학 물질
39	46억 년의 비밀, 생명을 살리는 지구
40	과학자가 가져야 할 덕목, 과학자 윤리와 책임

이 공부다!

인재를 위한 교과서

과학토론왕
과학토론왕 40권 + 독후활동지 40권
전 80종 / 정가 580,000원

사회토론왕
사회토론왕 40권 + 독후활동지 40권
전 80종 / 정가 580,000원

- 한우리 추천도서
- 경향신문 추천도서
- 경기도 초등토론 교육연구회 추천
- 경기도 지부 독서 골든벨 선정도서
- 환경정의 어린이 환경책 권장도서
- 한국 아동문학인협회 우수도서
- 학교도서관 사서협의회 추천도서

서 선정 도서! ✓활용 만점 독후 활동지 각 권 제공!
문가들이 강력 추천한 책!

01	우리 땅 독도
02	생활 속 24절기
03	세계를 담은 한글
04	정정당당 선거
05	우리의 유네스코 세계 유산
06	좋아? 나빠? 인터넷과 스마트폰
07	함께라서 좋아! 우리는 가족
08	한민족, 두 나라 여기는 반도
09	너도 나도 똑같이 생명 존중
10	돈 나와라 뚝딱! 경제 이야기
11	시끌시끌 지구촌 민족 이야기
12	앗 조심해! 나를 지키는 안전 교과서
13	바람 잘 날 없는 지구촌 국제 분쟁
14	믿음과 분쟁의 역사 세계의 종교
15	인공 지능으로 알아보는 미래 유망 직업
16	지역 이기주의 님비 현상
17	더불어 사는 다문화 사회
18	함께 사는 세상 소중한 인권
19	세계를 사로잡은 문화 콘텐츠 한류
20	변치 않는 친구 반려동물
21	왕따는 안 돼! 우리는 소중한 친구
22	여자? 남자? 같은 것과 다른 것! 성과 양성평등
23	모두가 행복한 착한 초콜릿, 아름다운 공정 무역
24	우리는 이웃사촌! 함께 사는 사회
25	틀린 게 아니라 다른 거라고? 글로벌 에티켓
26	신통방통 지혜가 담긴 우리의 세시 풍속과 전통 놀이
27	출발, 시간 여행! 유네스코 세계 문화유산
28	아이는 줄고! 노인은 늘고! 달라지는 인구
29	우리는 하나! 세계로! 미래로! 통일 한국
30	레벨업? 셧다운? 슬기로운 게임 생활
31	벗어나요 게임 중독
32	살아 있어 행복해! 곁에 있어 고마워! 소중한 생명
33	뚜아뚜아별의 법을 부활시켜라! 생활 속 법 이야기
34	하늘·땅·바다 어디서나 조심조심! 어린이를 위한 교통안전
35	함께 만들어요! 함께 누려요! 모두의 사회 복지
36	위아더월드, 도움의 손길이 필요해요. 세계 빈곤 아동
37	환경 덕후 오총사가 간다, 지켜라! 지구 환경
38	전쟁 NO! 평화 YES! 세계를 이끄는 힘, 국제기구
39	더 얼리, 더 빠르게! 미래 교통과 통신
40	알아서 척척, 똑똑한 미래 도시, 꿈의 스마트 시티

경기도 사서협의회 추천도서 | 한국교육문화원 추천도서 | 아침독서 추천도서

100만 부 판매 돌파!

수학이 쉬워지고, 명작보다 재미있는
뭉치수학왕

정부 기관 선정 우수 도서상을 많이 수상한 믿을 수 있는 시리즈!

뭉치 수학왕 시리즈는 미래의 인재로 키워 줌.

"인공지능(AI) 시대의 힘은 수학에서 나온다!"

개념 수학

〈수와 연산〉
1 양치기 소년은 연산을 못한대
2 견우와 직녀가 분수 때문에 싸웠대
3 가우스, 동화 나라의 사라진 0을 찾아라
4 가우스는 소수 대결로 마녀들을 물리쳤어
5 앨런, 분수와 소수로 악당 히드러를 쫓아내라
6 약수와 배수로 유령 선장을 이긴 15소년

〈도형〉
7 헨젤과 그레텔은 도형이 너무 어려워
8 오일러와 피노키오는 도형 춤 대회 1등을 했어
9 오일러, 오즈의 입체도형 마법사를 찾아라
10 유클리드, 플라톤의 진리를 찾아 도형 왕국을 구하라
11 입체도형으로 수학왕이 된 앨리스

〈측정〉
12 쉿! 신데렐라는 시계를 못 본대

13 알쏭달쏭 알라딘은 단위가 헷갈려
14 아르키는 어림하기로 걸리버 아저씨를 구했어
15 원주율로 떠나는 오디세우스의 수학 모험

〈규칙성〉
16 떡장수 할머니와 호랑이는 구구단을 몰라
17 페르마, 수리수리 규칙을 찾아라
18 피보나치, 수를 배열해 비밀의 방을 탈출하라
19 비례배분으로 보물섬을 발견한 해적 실버

〈자료와 가능성〉
20 아기 염소는 경우의 수로 늑대를 이겼어
21 파스칼은 통계 정리로 나쁜 왕을 혼내 줬어
22 로미오와 줄리엣이 첫눈에 반할 확률은?

〈문장제〉
23 개념 수학–백점 맞는 수학 문장제①
24 개념 수학–백점 맞는 수학 문장제②
25 개념 수학–백점 맞는 수학 문장제③

융합 수학

26 쌍둥이 건물 속 대칭축을 찾아라(건축)
27 열차와 배에서 배수와 약수를 찾아라(교통)
28 스포츠 속 황금 각도를 찾아라(스포츠)
29 옷과 음식에도 단위의 비밀이 있다고?(음식과 패션)
30 꽃잎의 개수에 담긴 수열의 비밀(자연)

창의 사고 수학

31 퍼즐탐정 셜렁홈즈①–외계인 스콜피오스의 음모
32 퍼즐탐정 셜렁홈즈②–315일간의 우주여행
33 퍼즐탐정 셜렁홈즈③–뒤죽박죽 백설 공주 구출 작전
34 퍼즐탐정 셜렁홈즈④–'지지리 마란드러' 방학 숙제 대작전
35 퍼즐탐정 셜렁홈즈⑤–수학자 '더하길 모테'와 한판 승부

36 퍼즐탐정 셜렁홈즈⑥–설국언차 기관사 '어리도 달리능기라'
37 퍼즐탐정 셜렁홈즈⑦–해설 및 정답

수학 개념 사전

38 수학 개념 사전①–수와 연산
39 수학 개념 사전②–도형
40 수학 개념 사전③–측정·규칙성·자료와 가능성

독후 활동지

본책 40권+독후 활동지 7권
정가 580,000원